식물 집사를 위한 플레이북

행복하고 건강한 식물을 키우기 위한 단계별 가이드

저자 이름 마용희

식물 부모를 위한 플레이북

발행	|	2023년 4월 21일
저자	|	마용희
디자인	|	어비, 미드저니
편집	|	어비
펴낸이	|	송태민
펴낸곳	|	열린 인공지능
등록	|	2023.03.09(제2023-16호)
주소	|	서울특별시 영등포구 영등포로 112
전화	|	(0505)044-0088
이메일	|	book@uhbee.net

ISBN | 979-11-93084-17-5

www.OpenAIBooks.shop

식물 집사를 위한 플레이북

행복하고 건강한 식물을 키우기 위한 단계별 가이드

마용희

목차

3장: 식물 집사로서 식물 돌보기

식물의 요구 사항 이해

급수 및 비료 일정 설정

일반적인 식물 문제 및 해결 방법

식물 건강을 위한 해충 방제 방법

가지치기 및 가지치기 팁

식물의 성장과 그것을 격려하는 방법에 대한 이해

4장: 고급 식물 양육 기술

식물 양육 기술을 다음 단계로 끌어올리기

식물 번식을 위한 접목 및 출아 기술

식물 유전학 및 잡종의 이해

나만의 식물 잡종 만들기

토양 준비 및 관리를 위한 고급 방법

5장: 식물 집사 커뮤니티 만들기

다른 식물 집사와 연결의 이점

지역 식물 동아리 및 커뮤니티 가입

다른 식물 집사와 지식 및 자원 공유

지속 가능한 식물 소유권의 중요성 이해

식물육아의 미래와 기술의 역할

전반적으로 이 책은 식물 관리의 기초부터 고급 번식 및 교잡 기술에 이르기까지 모든 것을 다루는 신규 식물 집사와 경험 많은 식물 집사 모두에게 포괄적인 안내서를 제공하는 것을 목표로 합니다. 이 책이 끝날 무렵 독자들은 성공적이고 자신감 있는 식물 집사가 되고 전 세계적으로 성장하고 있는 식물 애호가 커뮤니티에 합류하는 데 필요한 지식과 도구를 갖게 될 것입니다.

머리말

식물 육아의 세계에 오신 것을 환영합니다! 노련한 녹색 엄지손가락이든 완전한 초보자이든 이 책은 가정, 정원 또는 사무실에서 행복하고 건강한 식물을 재배하기 위한 이동 가이드입니다. 이 페이지에서는 자신의 공간과 필요에 적합한 식물 선택부터 적절한 관리 및 유지 관리 제공, 일반적인 문제 및 과제 해결에 이르기까지 자신감 있고 성공적인 식물 집사가 되기 위해 알아야 할 모든 것을 찾을 수 있습니다. 단계별 지침, 실용적인 팁, 아름다운 사진이 포함된 이 책은 번성하는 실내 및 실외 식물 천국을 만들 수 있도록 영감을 주고 힘을 실어줄 것입니다. 이제 시작하여 내면의 식물 집사를 해방시켜 봅시다!

저자 소개

마용희는 충북 도립대학교에서 가드닝 최고 경영자 과정을 수료하고 탄소 저장만이 지구의 안전이라고 생각하게된다.

많은 사람들이 식물을 왜 심고 왜 가꾸어야하는지 잘모르는것에 대하여 분석하고 연구하여 꼭 심고 가꾸어야 할 숙제라는것을 일깨워 주고 싶고 누구나 쉽게 식물을 키울수 있게 이 책을 쓴다고 한다.

후손에게 물려줄수 있는 가장 중요한 것이 돈도 명예도 가문도 아닌 푸르고 푸른 우리나라 금수강산이라는 사실을 널리 알리고 싶은 마음이 크다고 한다.

초보자도 쉽게 정원을 가꾸고 꽃을 피우고 개체수도 늘이는 과정에서 행복을 찾을수 있다면 그보다 더 나은 것은 없다고 한다. 이책을 읽은 모든 사람들이 식물집사로 거듭나서 우리 나라가 탄소배출때문에 부담 하는 환경 부담금을 최소화 했으면 하는 바램이다.

현대사회에 이슈가 되고 있는 chatGPT는 엄청난 탄소를 배출한다고 합니다.

현재 GPT-3.5 모델은 훈련 과정에서 약 284 톤의 탄소를 배출했다고 추정된다고 해요. 이것은 125대의 자동차가 한 해 동안 배출하는 탄소량과 비슷합니다.

그러니 우리가 나무를 안심을 수가 없잖아요.........

1장: 식물 양육 시작하기

-식물육아란?

식물 양육은 실내 또는 실외에서 식물을 키우고 돌보는 관행을 설명하는 데 사용되는 용어입니다. 여기에는 적절한 물 공급, 비료, 적절한 빛과 같이 식물이 번성하는 데 필요한 조건을 제공하는 것이 포함됩니다. 식물 양육은 최근 몇 년 동안 많은 사람들이 웰빙을 개선하고 삶에 더 많은 녹지를 가져오는 방법으로 식물을 채택하면서 점점 인기를 얻고 있습니다. 어떤 이들에게는 식물 육아가 취미인 반면, 다른 이들에게는 라이프스타일입니다. 또한 다양한 유형의 식물, 필요 사항, 번식 및 관리 방법에 대해 학습할 수도 있습니다. 모든 형태의 육아와 마찬가지로 도전과 학습 곡선이 있지만 식물의 아름다움을 즐기는 것부터 자신의 음식 재배의 이점을 얻는 것까지 보상이 클 수 있습니다.

식물집사가 되는 이유는?

식물 집사가 되는 것은 반드시 연령에 따라 결정되는 것은 아닌 개인적인 결정임을 명확히 해야 합니다. 그러나 식물을 돌보는 것은 모든 연령대에서 특히 유익할 수 있습니다. 일반적으로 다음은 식물 집사가 되는 것의 몇 가지 잠재적인 이점입니다.

30대 사람들은 경력과 개인 생활을 쌓느라 바쁠 수 있으며, 식물 관리는 휴식과 스트레스 해소에 좋은 방법이 될 수 있습니다. 또한 취미를 개발하고 새로운 기술을 배울 수 있는 기회가 될 수도 있습니다.

40대에는 사람들이 건강과 웰빙 유지에 집중하기 시작할 수 있으며 실내 식물은 공기를 정화하고 더 건강한 생활 환경을 조성하는 데 도움이 될 수 있습니다. 그것은 또한 그들의 집에 아름다움과 개성을 더하는 방법이 될 수 있습니다.

50대에 사람들은 은퇴를 시작하고 집에서 더 많은 시간을 보낼 수 있습니다. 식물 관리는 활동적이고 참여하는 만족스러운 방법이 될 수 있으며 목적 의식과 책임감을 제공할 수도 있습니다.

60년대 이후 사람들은 노화와 관련된 건강 문제에 직면할 수 있으며 식물 관리는 부드러운 형태의 운동과 인지 자극을 제공할 수 있습니다. 또한 연속성과 자연과의 연결성을 제공할 수 있습니다.

전반적으로, 식물 양육은 개인의 성장, 건강 및 웰빙, 자연 세계와의 연결을 위한 기회를 제공하는 유익하고 보람 있는 경험이 될 수 있습니다.

- 식물 소유권의 이점 이해

당신의 삶에 식물을 갖는 것은 여러 가지 이유로 정말 좋을 수 있습니다! 우선, 식물은 당신이 더 행복하고 스트레스를 덜 받는 데 도움이 될 수 있습니다. 식물 주위에서 시간을 보내는 것이 사람들이 더 편안하고 차분하게 느끼는 데 도움이 된다는 것이 입증되었습니다. 게다가, 식물을 돌보는 것은 정말 만족스러운 일이 될 수 있습니다. 여러분의 노력 덕분에 무언가가 자라고 번성하는 것을 보는 것이 좋습니다. 원예는 또한 모든 감각을 탐구하는 재미있는 방법이 될 수 있습니다. 흙을 만지고, 꽃과 식물의 색깔을 보고, 바람에 나뭇잎이 바스락거리는 소리를 듣고, 다양한 향기를 맡고, 심지어 과일을 맛볼 수도 있습니다. 그리고 당신이 재배하는 야채! 전반적으로 식물을 소유하는 것은 삶에 기쁨과 아름다움을 가져다주는 좋은 방법이 될 수 있습니다.

-식물관리의 기본

식물 관리의 기본에는 물, 빛, 토양 및 온도 요구 사항을 포함하여 식물의 요구 사항을 이해하는 것이 포함됩니다. 물을 너무 많이 주거나 적게 주면 뿌리가 썩거나 탈수될 수 있으므로 적절한 물을 주는 것이 식물 건강에 매우 중요합니다. 식물이 받는 빛의 양 또한 중요합니다. 일부 식물은 밝은 간접광에서 번성하는 반면 다른 식물은 낮은 조명 조건을 선호합니다. 토양은 배수가 잘되고 식물 성장에 충분한 영양분을 제공해야 합니다. 또한 정기적으로 잎사귀에 먼지를 뿌리고 가지치기를 하면 식물의 건강과 활력을 보장하는 데 도움이 될 수 있습니다. 학명을 통해 식물을 식별하는 것도 관리 요구를 이해하는 데 중요합니다. 전반적으로 식물에 대한 적절한 관리와 관심을 제공하면 더 아름답고 건강한 실내 또는 실외 환경으로 이어질 수 있습니다.

-라이프스타일을 위한 식물 선택:

라이프 스타일에 맞는 식물을 선택하는 것은 특히 정원 가꾸기가 처음이거나 식물에 대한 경험이 제한적인 경우 어려운 작업이 될 수 있습니다. 올바른 선택을 하려면 공간, 사용 가능한 빛, 식물 관리에 투자할 시간 등 여러 요소를 고려해야 합니다. 일부 식물은 다른 식물보다 더 많은 관심과 관리가 필요하며 자신의 라이프스타일과 원예 목표에 맞는 식물을 선택하는 것이 중요합니다. 예를 들어 공간이 제한적이라면 크기가 더 작거나 화분이나 용기에서 기를 수 있는 식물을 고려할 수 있습니다. 식물을 돌볼 시간이 제한되어 있다면 다육 식물이나 선인장과 같이 관리가 덜 필요한 식물을 고려하는 것이 좋습니다.

식물 공간 설정:

라이프스타일에 맞는 식물을 선택했다면 이제 식물 공간을 설정할 차례입니다. 여기에는 식물의 위치를 선택하고 식물의 성장과 발달을 지원하는 환경을 조성하는 것이 포함됩니다. 선택한 식물의 종류에 따라 빛, 온도, 습도 및 공기 순환과 같은 요소를 고려해야 할 수도 있습니다. 예를 들어, 많은 빛을 필요로 하는 식물은 햇볕이 잘 드는 곳에 두어야 하며, 서늘한 온도를 선호하는 식물은 열원에서 떨어진 곳에 두어야 할 수 있습니다. 당신은 또한 당신이 당신의 식물에 사용하는 용기의 크기와 모양뿐만 아니라 당신이 사용하는 흙과 화분 혼합물의 유형을 고려해야 합니다.

-필요한 도구 및 장비 수집:

식물을 효과적으로 관리하려면 올바른 도구와 장비가 필요합니다. 여기에는 물뿌리개, 전지가위, 장갑, 토양 시험기 등이 포함됩니다. 식물을 건강하고 번성하게 유지하기 위해 비료, 해충 방제 제품 및 기타 식물 관리 제품을 구입해야 할 수도 있습니다. 이러한 품목을 구입하기 전에 선택한 식물의 특정 요구 사항을 조사하고 이를 관리할 적절한 도구와 장비가 있는지 확인하는 것이 중요합니다.

-식물 성장에서 토양, 물 및 빛의 역할 이해:

토양, 물, 빛은 식물의 성장과 발달에 기여하는 필수 요소입니다. 토양은 식물이 자라는 데 필요한 영양분과 지원을 제공하고 물과 빛은 식물에 영양을 공급하고 활력을 줍니다. 이러한 요소가 식물 성장에 미치는 영향을 이해하면 식물 관리 및 유지 관리에 대해 정보에 입각한 결정을 내리는 데 도움이 됩니다. 예를 들어, 많은 양의 물을 필요로 하는 식물은 더 자주 물을 주어야 하는 반면, 건조한 토양을 선호하는 식물은 덜 자주 물을 주어야 할 수 있습니다. 마찬가지로, 많은 빛을 필요로 하는 식물은 햇볕이 잘 드는 위치에 배치해야 할 수 있으며 간접광을 선호하는 식물은 더 그늘진 위치에 배치해야 할 수 있습니다. 식물 성장에서 토양, 물 및 빛의 역할을 이해함으로써 식물이 번성하는 데 필요한 보살핌과 관심을 받을 수 있습니다.

2장: 식물 양육을 위한 번식 기술

- 식물 번식의 과학

인간과 동물처럼 식물도 번식합니다. 식물의 번식 목표는 새로운 식물을 만들고 종을 계속 유지하는 것입니다. 식물 번식에는 유성 생식과 무성 생식의 두 가지 유형이 있습니다.

식물의 유성 생식은 꽃에 의해 생성되는 수컷과 암컷 배우자의 융합을 포함합니다. 꽃은 식물의 생식 기관이며 모양과 크기가 다양합니다. 꽃의 수컷 생식 부분은 꽃가루가 들어있는 수술이라고합니다. 꽃가루는 수분이라는 과정을 통해 수술에서 암술이라고 하는 꽃의 여성 생식 부분으로 옮겨집니다. 암술은 난자를 포함하는 난소를 포함합니다. 꽃가루에 있는 정자는 난자에 있는 난자를 수정하여 새로운 식물 배아를 생성합니다. 이 배아는 씨앗으로 자라며, 씨앗은 분산되어 새로운 식물로 자랄 수 있습니다.

식물의 무성 생식은 배우자를 사용하지 않고 새로운 식물을 만드는 것과 관련이 있습니다. 영양 번식과 무성 번식을 포함하여 무성 생식의 여러 방법이 있습니다. 식물 번식은 잎, 줄기 또는 뿌리와 같은 기존 식물의 일부에서 새로운 식물이 생성되는 경우입니다. 대안은 씨앗이 수정되지 않고 생성되는 무성 생식의 한 형태입니다. 즉, 새로운 식물은 부모 식물과 유전적으로 동일합니다.

식물 번식의 배후에 있는 과학은 식물이 종을 이어가기 위해 어떻게 진화했는지에 대한 연구를 포함하기 때문에 매력적입니다. 식물의 번식은 시간이 지나도 크게 변하지 않았습니다. 왜냐하면 번식의 목표는 종을 계속 유지하는 것이기 때문입니다. 그러나 시간이 지남에 따라 일부 변화와 적응이 있었으며 이는 식물 생식 시스템 연구를 통해 볼 수 있습니다.
전반적으로 식물 번식 과학을 이해하면 식물 왕국의 복잡성과 다양성을 이해하는 데 도움이 됩니다. 또한 식물이 계속 번성하고 환경에 적응하는 방법을 이해하는 데 도움이 됩니다.

-다양한 전파 방법 이해

번식은 기존 식물에서 새로운 식물을 만드는 과정입니다. 그것은 같은 종류의 식물을 더 많이 만드는 방법이며 여러 가지 방법으로 할 수 있습니다. 다양한 번식 방법을 이해하면 더 많은 식물을 키우고 건강한 정원을 유지하는 데 도움이 될 수 있습니다.

가장 먼저 알아야 할 것은 전파에는 두 가지 주요 유형이 있다는 것입니다: 유성과 무성. 유성 생식은 종자를 사용하여 새로운 식물을 만드는 반면 무성 생식은 기존 식물 부분에서 새로운 식물을 만드는 것을 포함합니다.

유성 생식에서 종자는 남성 생식 기관에 의한 여성 생식 기관의 수정을 통해 생산됩니다. 이 과정은 곤충이나 다른 동물에 의한 수분을 통해 자연적으로 발생하거나 인간에 의해 제어될 수 있습니다. 그런 다음 씨앗을 모아서 심으면 새로운 식물이 자랄 수 있습니다.

반면에 무성 생식은 줄기 절단, 잎 절단 및 뿌리 절단과 같은 기존 식물 부분에서 새로운 식물을 만드는 것을 포함합니다. 이 과정은 종자를 사용하지 않으며 부모 식물과 유전적으로 동일한 사본을 생성합니다.

무성 번식에는 여러 가지 방법이 있습니다. 줄기 절단을 포함하여 모 식물에서 줄기 조각을 잘라 토양이나 물에 뿌리를 내립니다. 모 식물에서 잎을 제거하고 흙이나 물에 뿌리를 내리는 잎 자르기; 그리고 뿌리 절단, 여기서 뿌리 조각은 부모 식물에서 제거되고 새로운 식물을 성장시키는 데 사용됩니다.

무성 번식의 또 다른 방법은 겹겹이 쌓기(layering)로, 부모 식물의 줄기를 흙에 묻거나 흙으로 덮고 부모 식물에서 분리되기 전에 뿌리가 자랄 수 있도록 합니다.

다양한 번식 방법을 이해하면 더 많은 식물을 키우고 건강한 정원을 유지하는 데 도움이 될 수 있습니다. 기존 식물에서 새 식물을 만들 수 있으므로 정원을 확장하거나 오래된 식물을 교체하는 비용 효율적인 방법이 될 수 있습니다. 식물을 번식시키는 방법을 알면 원래 식물에 무슨 일이 생길 경우를 대비하여 좋아하는 식물을 항상 백업해 둘 수 있습니다.

- 식물의 꺾꽂이 방법

원예와 관련하여 가지치기는 식물의 건강과 외관을 유지하는 데 사용되는 중요한 기술입니다. 가지치기는 새로운 성장을 촉진하고 식물의 모양을 개선하거나 질병을 예방하기 위해 가지, 새싹 또는 뿌리와 같은 식물의 일부를 선택적으로 제거하는 것입니다.

첫째, 식물을 가지치기해야 하는 이유를 이해하는 것이 중요합니다. 가지치기는 식물의 손상되거나 병든 부분을 제거하는 데 도움이 되어 전반적인 건강을 개선할 수 있습니다. 그것은 또한 식물의 모양을 만들고 새로운 성장을 촉진할 뿐만 아니라 그것이 생산하는 꽃이나 과일의 품질을 향상시키는 데 도움이 될 수 있습니다.

가지치기를 시작하려면 가지치기 가위, 로퍼, 가지치기 톱과 같은 몇 가지 기본 도구가 필요합니다. 시작하기 전에 식물의 가지치기가 필요한 부분을 식별하는 것이 중요합니다. 이것은 식물의 종류와 성장 습관에 따라 달라집니다.

가지치기를 할 때 식물이 손상되지 않도록 깔끔하게 자르는 것이 중요합니다. 새로운 성장을 촉진하기 위해 잎 마디나 새싹 바로 위의 약간의 각도로 자릅니다. 식물을 손상시킬 수 있으므로 주 줄기에 너무 가깝게 자르지 마십시오. 병에 걸리거나 손상된 부분을 제거하기 위해 가지치기를 하는 경우, 질병의 확산을 방지하기 위해 절단 사이에 알코올을 문질러 가지치기 도구를 소독하십시오.

가지치기를 할 때 작업 중인 식물의 전체적인 모양을 염두에 두십시오. 균형 잡히고 미학적으로 만족스러운 모양을 만들고 싶습니다. 특정 식물의 가지치기 방법을 잘 모르겠다면 조사를 하거나 원예 전문가와 상담하는 것이 가장 좋습니다.

요약하면 가지치기는 식물의 건강과 외관을 유지하는 데 사용되는 중요한 기술입니다. 새로운 성장을 촉진하거나 식물의 모양을 개선하거나 질병을 예방하기 위해 식물의 일부를 선택적으로 제거하는 작업이 포함됩니다. 가지치기를 할 때는 반드시 깨끗하고 날카로운 도구를 사용하고 잎 마디나 새싹 바로 위를 깔끔하게 잘라야 합니다. 항상 식물의 전체적인 모양을 염두에 두고 최상의 결과를 얻기 위해 가지치기 전에 조사를 하십시오.

-레이어링을 통한 식물 번식

레이어링을 통한 식물 번식은 종자 없이도 기존 식물에서 새로운 식물을 생산하는 데 사용되는 기술입니다. 그것은 부모 식물에서 줄기를 가져다가 땅으로 구부린 다음 흙으로 덮는 것을 포함합니다. 시간이 지남에 따라 줄기는 새로운 뿌리를 개발하고 새로운 식물을 형성합니다.

레이어링 방법에는 팁 레이어링, 단순 레이어링, 복합 레이어링, 에어 레이어링 등 여러 가지 방법이 있습니다. 팁 레이어링은 현재 시즌의 새싹 끝을 흙에 묻는 것이고 단순 레이어링은 저지대 가지를 땅에 구부려 흙으로 덮는 것입니다. 복합 레이어링은 단순 레이어링과 유사하지만 줄기를 토양에 묻기 전에 줄기를 여러 번 작게 자르는 작업이 포함됩니다. 에어 레이어링은 줄기에 작은 절개를 만들고 물이끼와 같은 축축한 물질로 감싸서 결국 뿌리가 자랄 것입니다.

레이어링 과정은 식물 종과 환경 조건에 따라 몇 주 또는 몇 달이 걸릴 수 있습니다. 새 식물이 뿌리를 내리면 모 식물에서 분리하여 새로운 위치에 이식할 수 있습니다.

레이어링을 통한 번식은 정원사가 희귀하거나 가치 있는 식물 품종을 보존하는 데 중요할 수 있는 부모 식물과 유전적으로 동일한 새로운 식물을 만들 수 있기 때문에 널리 사용되는 방법입니다. 또한 레이어링은 예측할 수 없고 정착하는 데 시간이 더 오래 걸릴 수 있는 씨앗을 심는 것보다 더 안정적이고 효율적인 번식 방법이 될 수 있습니다.

전반적으로 레이어링을 통한 식물 번식은 컬렉션을 확장하고 귀중한 식물 종을 보존하려는 정원사 및 식물 애호가에게 흥미롭고 유용한 기술입니다.

-번식을 위해 식물을 나누는 것

번식을 위해 식물을 나누는 것은 기존 식물에서 새로운 식물을 만드는 데 사용되는 기술입니다. 그것은 뿌리나 줄기와 같은 식물의 부분을 분리하고 그것을 심어 새로운 식물을 형성하는 것을 포함합니다. 이 방법은 일반적으로 원예에 사용되며 많은 수의 식물을 재배하는 데 비용 효율적인 방법이 될 수 있습니다. 이 설명에서는 번식을 위한 분갈이가 무엇인지, 왜 사용하는지, 어떻게 하는지, 언제 하는지에 대해 논의할 것입니다.

번식을 위해 식물을 나누는 것은 무엇입니까? 번식을 위해 식물을 나누는 것은 식물의 일부를 분리하고 그것을 심어 새로운 식물을 자라게 하는 과정입니다. 그것은 식물 번식의 한 형태로, 씨앗을 사용하지 않는다는 것을 의미합니다. 대신, 부모 식물의 일부는 부모 식물과 유전적으로 동일한 새로운 식물을 만드는 데 사용됩니다. 이 방법은 종종 정원의 식물 수를 늘리거나 오래되거나 병든 식물을 교체하거나 종자에서 자라기 어려운 식물을 생산하는 데 사용됩니다.

번식을 위해 식물을 나누는 이유는 무엇입니까? 번식을 위해 식물을 나누는 것은 하나에서 많은 식물을 키울 수 있는 비용 효율적인 방법이기 때문에 널리 사용되는 식물 번식 방법입니다. 이것은 또한 부모 식물과 유전적으로 동일한 새로운 식물을 만드는 데 유용한 기술이며, 특정 식물 품종이나 품종을 유지하려고 할 때 중요할 수 있습니다. 또한 번식을 위해 식물을 나누는 것은 오래되었거나 자란 식물을 젊어지게 하는 데 도움이 될 수 있으며 퍼지거나 침입하는 경향이 있는 식물의 크기를 제어하는 데 사용할 수 있습니다.

번식을 위해 식물을 나누는 방법? 번식을 위해 식물을 나누는 과정은 식물 종과 사용되는 식물의 특정 부분에 따라 달라질 수 있습니다. 그러나 따를 수 있는 몇 가지 일반적인 단계가 있습니다.

1단계: 건강한 모식물 선택 - 번식을 위한 모식물을 선택할 때 건강하고 질병이나 해충이 없는 식물을 선택합니다. 스트레스를 받거나 건강에 해로운 식물은 생존 가능한 자손을 생산하지 못할 수 있습니다.

2단계: 심을 장소 준비 - 식물을 나누기 전에 심을 장소를 준비합니다. 여기에는 잡초 제거, 토양 경작 또는 토양 품질 개선을 위한 유기물 추가가 포함될 수 있습니다.

3단계: 식물 파내기 - 정원 포크나 삽을 사용하여 조심스럽게 식물을 파냅니다. 뿌리가 손상되지 않도록 충분히 깊게 파십시오.

4단계: 식물 분리 - 식물을 파냈으면 더 작은 부분으로 분리합니다. 이것은 식물을 손으로 잡아당기거나, 칼이나 전지가위로 자르거나, 날카로운 삽을 사용하여 할 수 있습니다.

5단계: 구획 심기 - 식물이 분할되면 각 구획을 새 위치에 심습니다. 적절한 깊이에 심고 물을 잘 주어야 합니다.

번식을 위해 식물을 나눌 때? 번식을 위해 식물을 나누는 가장 좋은 시기는 식물 종과 사용되는 식물의 특정 부분에 따라 다를 수 있습니다. 그러나 일반적으로 대부분의 식물은 초봄이나 가을에 분갈이를 한다. 봄과 여름 꽃이 피는 식물은 가을에 갈라지고 다른 식물은 봄에 갈라집니다. 더운 날씨나 식물이 꽃을 피울 때와 같이 스트레스를 받는 시기에 식물을 나누지 않는 것이 중요합니다. 또한 일부 식물은 뿌리가 교란되면 잘 반응하지 않을 수 있으므로 분할을 시도하기 전에 특정 식물 종을 조사하는 것이 중요합니다.

결론적으로 번식을 위해 식물을 나누는 것은 부모 식물과 유전적으로 동일한 새로운 식물을 재배하는 데 유용한 기술입니다. 이 방법은 정원의 식물 수를 늘리거나, 오래되었거나 병든 식물을 교체하거나, 퍼지거나 침입하는 경향이 있는 식물의 크기를 제어하는 데 사용할 수 있습니다. 식물을 나누려면 건강한 모식물을 선택하고 심을 공간을 준비하고 식물을 파낸 다음 더 작은 부분으로 나누고 심습니다.

씨앗을 시작하고 저장하는 것은 새 식물을 구입하는 데 돈을 쓰지 않고도 정원에서 새 식물을 재배할 수 있는 좋은 방법입니다. 씨앗을 시작하려면 흙에 심고 물과 빛, 영양분을 공급해야 합니다. 종자를 보관할 때는 나중에 사용할 수 있도록 적절하게 수확하고 보관해야 합니다.

-시드 시작 및 저장 이해

씨앗을 시작하려면 먼저 올바른 토양을 선택해야 합니다. 토양은
화분용 흙, 질석 또는 펄라이트, 모래 또는 피트모스의 혼합이어야
합니다. 이것은 씨앗에 좋은 배수를 제공합니다. 다음으로 씨앗 쟁
반이나 화분에 흙 혼합물을 채우고 씨앗을 심습니다. 심는 깊이는
씨앗의 크기에 따라 다르지만 일반적인 규칙은 씨앗의 직경보다 더
깊게심지 않는것입니다. 심은 후에는 씨앗에 부드럽게 물을 주고
햇볕이 잘 드는 곳에 두거나 성장 조명을 사용하여 빛을 제공합니
다.

씨앗이 자라기 시작하면 영양분을 공급해야 합니다. 건강한 성장에
필요한 영양소를 제공하는 균형 잡힌 비료를 사용하여 이를 수행
할 수 있습니다. 올바른 양을 사용하고 있는지 확인하기 위해 비료
패키지의 지침을 따르는 것이 중요합니다.

씨앗을 저장하는 것은 또한 식물 유전학을 보존하고 좋아하는 식물
을 재배하는 좋은 방법입니다. 종자를 저장하려면 제대로 수확하고

보관해야 합니다. 식물이 개화를 마치면 씨앗 머리나 꼬투리를 식물에서 건조시켜 씨앗을 수확할 수 있습니다. 일단 건조되면 씨앗을 제거하고 봉투나 항아리와 같은 서늘하고 건조한 장소에 보관하십시오. 씨앗에 식물의 이름과 수확한 날짜를 표시해야 합니다.

요약하면, 씨앗을 시작하고 저장하는 것은 정원에서 새로운 식물을 키우는 재미있고 보람 있는 방법입니다. 적절한 토양, 물, 빛, 영양분이 있으면 씨앗에서 성공적으로 식물을 키울 수 있습니다. 그리고 씨앗을 수확하고 저장함으로써 식물 유전학을 보존하고 앞으로 몇 년 동안 좋아하는 식물을 키울 수 있습니다.

제3장 : 식물 집사로서 식물 돌보기

-식물의 요구 사항 이해

다른 생물과 마찬가지로 식물도 성장하고 번성하기 위해서는 충족되어야 하는 필요가 있습니다. 식물의 필요를 이해하면 식물을 적절하게 돌보고 잠재력을 최대한 발휘할 수 있도록 도울 수 있습니다.

식물에게 가장 중요한 요구 사항 중 하나는 물 입니다. 인간과 마찬가지로 식물도 생존을 위해 물이 필요합니다. 물은 식물이 햇빛으로부터 에너지를 생성하는 데 사용하는 과정인 광합성에 필수적입니다. 물은 뿌리에서 흡수되면 줄기를 통해 잎으로 이동하여 광합성에 사용됩니다. 식물이 물을 충분히 공급받지 못하면 시들거나 시들 수 있습니다. 그러나 너무 많은 물은 뿌리를 썩게 할 수 있기 때문에 식물에 해로울 수도 있습니다.

또한 식물이 자라려면 햇빛이 필요합니다. 햇빛은 식물이 광합성에 필요한 에너지를 제공합니다. 햇빛이 충분하지 않으면 식물이 제대로 자라기에 충분한 에너지를 생산하지 못할 수 있습니다. 그러나 일부 식물은 햇빛을 너무 많이 받아 손상될 수도 있습니다. 식물마다 햇빛에 대한 요구 사항이 다르므로 돌보고 있는 각 식물의 요구 사항을 이해하는 것이 중요합니다.

식물의 또 다른 중요한 요구 사항은 영양소입니다. 영양소는 질소, 인, 칼륨과 같이 식물이 자라는 데 필요한 필수 요소입니다. 이러한 영양소는 종종 토양에서 발견되며 식물의 뿌리에 의해 흡수될 수 있습니다. 일부 식물은 다른 식물보다 더 많은 양분이 필요하므로 각 식물의 특정 요구 사항을 이해하는 것이 중요합니다.

식물도 성장하기 위해 산소가 필요합니다. 산소는 식물의 뿌리에서 에너지를 생성하는 데 사용됩니다. 식물이 충분한 산소를 얻지 못하면 제대로 자라기에 충분한 에너지를 생산하지 못할 수 있습니다.

마지막으로 식물이 제대로 자라려면 적절한 환경이 필요합니다.여기에는 적절한 온도, 습도 및 토양 pH와 같은 것들이 포함됩니다.

식물마다 환경에 대한 요구 사항이 다르므로 돌보고 있는 각 식물의 요구 사항을 이해하는 것이 중요합니다.

식물의 필요를 이해하는 것은 식물을 적절하게 돌보고자 하는 모든 사람에게 중요합니다. 적절한 양의 물, 햇빛, 영양분, 산소 및 적절한 환경을 제공함으로써 우리는 식물이 자라고 번성하도록 도울 수 있습니다.

-급수 및 비료 일정 설정

물을 주고 비료를 주는 일정을 정하는 것은 건강한 성장과 성공적인 재배를 보장하는 데 도움이 되는 식물 관리의 중요한 부분입니다. 다음은 식물에 물을 주고 비료를 주는 일정을 세울 때 염두에 두어야 할 몇 가지 핵심 사항입니다.

식물의 물 요구량 이해: 식물의 종류에 따라 물 요구량이 다릅니다. 일부 식물은 자주 물을 주어야 하는 반면, 다른 식물은 물 없이 더 오래 지낼 수 있습니다. 식물의 특정 물 공급 요구 사항을 조사하고 그에 따라 물 공급 일정을 조정하는 것이 중요합니다.

토양 수분 확인: 식물에 물이 필요한지 확인하는 한 가지 방법은 토양의 수분 수준을 확인하는 것입니다. 손가락을 사용하여 약 1인치 깊이의 토양을 조사합니다. 건조하다고 느껴지면 물을 주어야 할 때입니다. 촉촉한 느낌이 들면 조금 더 기다려도 됩니다.

연중 시기를 고려하십시오. 더운 여름철에 식물은 일반적으로 서늘한 계절보다 더 많은 물을 필요로 합니다. 그에 따라 급수 일정을 조정하십시오.

과습 방지: 과습은 물에 잠기는 것만큼 식물에 해로울 수 있습니다. 너무 자주 물을 주지 않도록 주의하고 토양의 배수가 잘 되도록 하십시오.

식물의 비료 요구 사항 이해: 비료는 식물이 건강한 성장에 필요한 영양분을 공급하는 데 도움이 될 수 있습니다. 그러나 다른 유형의 식물은 다른 비료 요구 사항을 가지고 있습니다. 식물의 특정 비료 요구 사항을 조사하고 그에 따라 비료 일정을 조정하십시오.

균형 잡힌 비료 사용: 비료를 선택할 때 질소, 인, 칼륨이 혼합된 균형 잡힌 비료를 찾으십시오. 사용량과 적용 빈도는 라벨의 지침을 따르십시오.

비료를 너무 많이 주지 마세요: 비료를 너무 많이 주면 식물에 해를 끼치고 뿌리를 태울 수도 있습니다. 비료 라벨의 지침을 따르고 너무 많이 사용하지 마십시오.

천연 비료 사용 고려: 퇴비나 지렁이 주물과 같은 천연 비료는 합성 비료에 대한 훌륭한 대안이 될 수 있습니다. 그들은 식물에 다양한 양분을 제공할 수 있으며 일반적으로 환경에 더 안전합니다.

요약하면 물주기 및 비료 주기 설정에는 식물의 특정 요구 사항을 이해하고, 토양 수분을 확인하고, 계절에 따라 일정을 조정하는 것이 포함됩니다. 비료를 줄 때는 반드시 균형잡힌 비료를 사용하고 라벨의 지시 사항을 따르며, 합성 비료 대신 천연 비료 사용을 고려하십시오. 적절한 관리를 통해 식물이 번성하고 건강하고 강하게 자랄 수 있습니다.

-일반적인 식물 문제 및 해결 방법

식물은 성장과 번성을 방해할 수 있는 문제를 경험할 수 있습니다. 일반적인 식물 문제를 이해하면 정원의 문제를 진단하고 해결하는 데 도움이 됩니다. 다음은 몇 가지 일반적인 공장 문제와 해결 방법입니다.

해충: 무언가가 자신을 먹고 있는 것처럼 보이는 잎사귀를 발견하면 민달팽이나 달팽이의 소행일 수 있습니다. 손으로 제거하거나 함정과 미끼를 사용할 수 있습니다. 살충제를 사용해도 되지만 반드시 지시사항을 준수하고 안전하게 사용하세요.

햇볕에 탐: 사람과 마찬가지로 식물도 화상을 입을 수 있습니다. 식물 잎에 갈색 반점이나 변색이 보이면 햇빛에 너무 많이 노출되었기 때문일 수 있습니다. 직사광선을 받지 않는 장소로 식물을 옮기거나 그늘 천을 사용하여 햇빛을 걸러냅니다.

과습: 식물에 물을 주는 것은 중요하지만 물을 너무 많이 주면 뿌리 부패와 같은 문제가 발생할 수 있습니다. 식물에 물을 적당히 주고 흙이 만졌을 때 건조할 때만 물을 줍니다. 과도한 물을 방지하는 데 도움이 되도록 식물의 용기에 배수 구멍을 추가할 수도 있습니다.

수중: 과수와 마찬가지로 수중도 식물에 문제가 될 수 있습니다. 식물의 잎이 노랗거나 갈색으로 변하고 만졌을 때 건조해지면 물에 잠겼기 때문일 수 있습니다. 식물에 정기적으로 물을 주고 수분 측정기를 사용하여 토양이 건조한지 확인하십시오.

토양 문제: 식물이 자라고 번성하려면 올바른 토양 조건이 필요합니다. 식물의 잎이 노랗게 변하는 것을 발견했다면 토양 영양 결핍 때문일 수 있습니다. 영양분 공급을 돕기 위해 토양에 비료나 퇴비를 추가할 수 있습니다.

온도: 식물은 온도 요구 사항이 다르며 극한 온도에 노출되면 잎이 타거나 시드는 등의 문제가 발생할 수 있습니다. 식물의 온도 요구 사항을 조사하고 적절한 조건을 제공하십시오.

질병: 식물은 또한 곰팡이나 세균 감염과 같은 질병을 경험할 수 있습니다. 식물 잎에 반점이나 변색이 보이면 질병 때문일 수 있습니다. 살균제나 살균제를 사용하여 감염을 치료할 수 있지만 지침을 따르고 안전하게 사용하십시오.

이러한 일반적인 식물 문제와 해결 방법을 이해함으로써 식물이 번창하고 잠재력을 최대한 발휘하도록 도울 수 있습니다.

-식물 건강을 위한 해충 방제 방법

해충을 방제하는 것은 식물의 건강에 중요하며 이를 수행하는 방법에는 여러 가지가 있습니다. 한 가지 방법은 살충제를 사용하는 것입니다. 살충제는 곤충, 잡초 및 기타 원치 않는 초목과 같은 해충을 죽이거나 쫓아내는 화학 물질입니다 그러나 살충제는 인간, 동물 및 환경에도 해로울 수 있으므로 책임감 있게 사용하는 것이 중요합니다.

해충을 방제하는 또 다른 방법은 해충을 퇴치하기 위해 특정 식물을 함께 재배하거나 해충을 먹는 무당벌레 및 사마귀와 같은 유익한 곤충을 사용하는 동반 식재와 같은 자연적인 방법입니다. 금잔화와 박하와 같은 일부 식물은 천연 해충 퇴치 특성도 가지고 있습니다. 또한 그물과 줄 덮개와 같은 물리적 장벽은 해충으로부터 식물을 보호하는 데 도움이 될 수 있습니다.

문제가 악화되기 전에 조치를 취할 수 있도록 잎의 구멍이나 시들음과 같은 해충 침입의 징후가 있는지 식물을 정기적으로 모니터링하는 것이 중요합니다. 경우에 따라 식물의 영향을 받는 부분을 제거하거나 해충을 손으로 따는 것이 효과적일 수 있습니다.

전반적으로 해충을 방제하는 것은 식물의 건강에 중요하지만 인간, 동물 및 환경에 대한 피해를 최소화하는 책임 있는 방식으로 방제하는 것이 중요합니다. 도우미 심기 및 익충과 같은 자연적 방법이 효과적일 수 있으며 해충 침입의 징후가 있는지 정기적으로 식물을 모니터링하는 것이 중요합니다

-식물과 나무의 방제 방법이 다른이유

식물과 나무의 종류에 따라 방제를 다르게 해야 하는 이유는 그들이 서로 다른 해충과 질병에 취약하기 때문입니다.

일부 나무는 질병이나 해충으로부터 쉽게 보호할 수 있지만, 다른 나무들은 이를 방지하기 위해 보다 많은 노력과 전문적인 지식이 필요합니다. 예를 들어, 사과와 복숭아, 자두와 같은 과일 나무는 많은 방제를 필요로 하는 반면, 아로니아나 블루베리와 같은 다른 식물은 방제 없이도 잘 자라날 수 있습니다. 따라서, 식물과 나무를 재배하고 싶다면, 그들이 가진 고유한 특성과 취약점을 이해하고 그에 맞는 방제를 선택하여 적절히 관리하는 것이 중요합니다.

식물과 나무를 보호하기 위해서는, 해충과 질병을 예방하는 것이 가장 좋은 방법입니다. 이를 위해서는 식물이나 나무가 위치한 환경과 생장 조건

을 최적화하고, 건강한 상태를 유지하는 것이 중요합니다. 그리고, 문제가 발생할 경우 즉각적으로 대처하여 병든 부분이나 해충이 침해한 부분을 제거하고 방제제를 사용하여 예방하는 것이 필요합니다.

종종, 특정 식물이나 나무를 보호하기 위해서는 전문가의 도움이 필요할 수도 있습니다. 따라서, 관심있는 식물이나 나무를 키우려면, 그들의 특징과 취약점에 대해 깊이 이해하고, 그들을 잘 관리하기 위한 전문적인 지식과 경험이 필요할 수 있습니다.

-가지치기 및 가지치기 팁

가지치기와 가지치기는 건강하고 아름다운 식물, 나무, 관목을 유지하기 위한 중요한 작업입니다. 가지치기는 건강한 성장을 촉진하고 죽거나 병든 나무를 제거하기 위해 식물에서 특정 가지나 줄기를 제거하는 것을 말합니다. 반면 트리밍은 식물의 모양과 크기를 유지하기 위해 식물의 잎사귀를 자르는 것을 말합니다. 다음은 15세 어린이가 이해할 수 있는 가지치기 및 가지치기에 대한 몇 가지 요령입니다.

가지치기 시기 알기: 가지치기에 가장 좋은 시기는 식물의 종류에 따라 다릅니다. 일반적으로 새로운 성장이 나타나기 전 휴면기(늦겨울에서 초봄까지)에 나무와 관목을 가지치기하는 것이 가장 좋습

니다. 그러나 과일 나무와 같은 일부 식물은 활동적인 성장기에 가지치기를 하는 것이 가장 좋습니다.

올바른 도구 사용: 날카롭고 깨끗한 전지가위 또는 로퍼를 사용하여 깔끔하게 자릅니다. 질병 및 곤충 문제를 일으킬 수 있는 식물 조직을 부수거나 찢을 수 있는 둔한 도구를 사용하지 마십시오.

가지치기에 적합한 가지 식별: 죽거나 병에 걸리거나 손상된 가지를 찾아 먼저 제거합니다. 그런 다음 서로 교차하거나 마찰하는 가지를 모두 제거합니다. 마지막으로 너무 가깝게 자라거나 잘못된 방향으로 자라는 가지를 제거합니다.

절단하기: 가지가 몸통과 만나는 부푼 부분인 가지 깃 바로 바깥쪽을 깔끔하게 절단합니다. 줄기에 너무 가깝게 자르거나 그루터기를 남기지 마십시오. 질병 및 곤충 문제가 발생할 수 있습니다.

식물 모양 잡기: 트리밍 가위를 사용하여 식물 모양을 만들고 과도한 잎사귀를 제거합니다. 항상 잎 마디나 새싹 바로 위를 자르면 건강한 성장이 촉진됩니다.

청소: 가지치기와 손질 후 식물 주변의 잔해물을 청소하여 질병과 곤충 문제를 예방합니다.

전문가의 도움을 구하십시오: 가지치기나 가지치기에 대해 확신이 서지 않는다면 공인 수목 재배가나 원예가에게 전문적인 도움을 요청하십시오.

가지치기와 가지치기는 건강하고 아름다운 식물, 나무 및 관목을 유지하기 위한 중요한 작업임을 기억하십시오. 올바른 도구와 기술을 사용하면 식물을 최상의 상태로 유지할 수 있습니다.

-식물의 성장과 그것을 격려하는 방법에 대한 이해

식물은 제대로 자라기 위해 특정한 것을 필요로 하는 생물입니다. 우리가 생존하기 위해 음식, 물, 공기가 필요한 것처럼 식물도 자라기 위해 햇빛, 물, 영양분과 같은 것들이 필요합니다. 좀 더 세분화해 보겠습니다.

햇빛: 식물은 광합성이라는 과정을 통해 자신의 양분을 생산하기 위해 햇빛이 필요합니다. 이것은 그들이 이산화탄소와 물을 포도당

(설탕)과 산소로 변환하기 위해 햇빛으로부터 에너지를 사용할 때입니다. 충분한 햇빛이 없으면 식물은 약해지고 병들게 될 수 있습니다.

물: 수분을 유지하기 위해 물이 필요한 것처럼 식물도 수분을 유지하고 시스템 전체에 영양분을 운반하기 위해 물이 필요합니다. 물이 너무 적으면 식물이 시들고 죽을 수 있고, 물이 너무 많으면 뿌리가 익사하고 식물이 죽을 수 있습니다.

영양소: 식물이 제대로 자라려면 질소, 인, 칼륨과 같은 특정 영양소가 필요합니다. 이러한 영양소는 토양에서 찾거나 비료를 통해 추가할 수 있습니다. 비료는 식물의 비타민과 같으며 식물이 더 크고 강하게 자랄 수 있도록 도와줍니다.

그렇다면 어떻게 식물의 성장을 촉진할 수 있을까요? 다음은 몇 가지 팁입니다.

충분한 햇빛 제공: 식물이 매일 충분한 햇빛을 받고 있는지 확인하십시오. 충분하지 않으면 더 햇볕이 잘 드는 곳으로 옮기십시오.

적절하게 물주기: 토양이 촉촉하지만 물에 잠기지 않았는지 정기적으로 확인하십시오. 식물과 기후에 따라 매일 또는 일주일에 한 번만 물을 주어야 할 수도 있습니다.

영양분 공급: 비료를 사용하여 토양에 영양분을 추가하고 식물이 더 크고 강하게 자라도록 돕습니다. 패키지의 지침을 주의 깊게 따르고 과도하게 비료를 주지 마십시오. 식물에 해를 끼칠 수 있습니다.

가지치기 및 다듬기: 식물을 가지치기하고 다듬으면 죽은 부분이나 손상된 부분을 제거하고 더 많은 햇빛과 공기가 식물의 나머지 부분에 도달하도록 하여 식물이 더 잘 자랄 수 있습니다.

이 팁을 통해 식물의 성장과 이를 장려하는 방법을 이해할 수 있어야 합니다! 식물에 필요한 사랑과 보살핌을 주면 아름다운 꽃과 맛있는 과일과 채소로 보답할 것입니다.

4장: 고급 식물 양육 기술

-식물 양육 기술을 다음 단계로 끌어올리기

식물 재배 기술을 다음 단계로 끌어올리려면 식물 성장 및 발달의 기본 사항을 이해하고 해당 지식을 적용하여 건강한 성장을 촉진하고 식물의 잠재력을 극대화해야 합니다.

첫째, 식물이 자라기 위해서는 빛, 물, 영양분 및 공기와 같은 몇 가지 핵심 요소가 필요하다는 것을 이해하는 것이 중요합니다. 이러한 요인들은 함께 작용하여 식물이 스스로 양분을 만드는 과정인 광합성을 촉진합니다. 식물 성장을 최적화하려면 이러한 요소를 적시에 적절한 양으로 제공해야 합니다.

이를 수행하는 한 가지 방법은 식물의 성장을 모니터링하고 그에 따라 관리를 조정하는 것입니다. 예를 들어, 식물이 느리게 자라거나 전혀 자라지 않는다면 빛이 너무 적거나 영양분이 충분하지 않을 수 있습니다. 반면에 식물이 너무 빨리 자라거나 다리가 가늘어지는 경우 빛이 너무 많거나 지지가 충분하지 않은 것일 수 있습니다.

식물 재배 기술을 한 단계 끌어올리려면 재배 조명, 비료 및 식물 지원과 같은 특수 재배 장비 사용을 고려할 수 있습니다. 이러한 도구는 식물에 최적의 조건을 제공하고 건강한 성장을 촉진하는 데 도움이 될 수 있습니다.

또한 식물 해충 및 질병에 대해 배우면 문제가 심각해지기 전에 식별하고 치료하는 데 도움이 될 수 있습니다. 일반적인 식물 해충에는 진딧물, 거미 진드기 및 가루이가 포함되며 흰가루병 및 잎 반점과 같은 질병은 식물에 손상을 줄 수 있습니다.

요약하면, 식물 재배 기술을 다음 단계로 끌어올리려면 식물의 기본 요구 사항을 이해하고, 성장을 모니터링하고, 건강한 성장을 촉진하기 위한 특수 도구와 기술을 사용하는 것이 포함됩니다. 그렇게 함으로써 식물이 번성하고 잠재력을 최대한 발휘할 수 있는 환경을 조성할 수 있습니다.

접목과 출아는 새로운 식물을 만드는 데 도움이 되는 두 가지 식물 번식 기술입니다. 접목은 서로 다른 두 식물을 결합하여 새로운 식물을 만드는 과정입니다. 출아는 유사한 과정이지만 두 개의 서로 다른 식물을 연결하는 대신 한 식물의 새싹이 다른 식물에 부착됩니다. 이러한 기술은 서로 다른 두 식물의 최상의 특성을 결합한 새로운 식물을 만드는 데 도움이 될 수 있습니다.

-

식물 번식을 위한 접목 및 출아 기술

식물을 접목하려면 번식하려는 식물의 작은 조각인 접순과 접붙이려는 식물인 대목이 필요합니다. 접순은 일반적으로 좋은 과일 생산이나 질병 저항성과 같은 바람직한 특성을 가진 식물에서 가져옵니다. 대목은 일반적으로 강력한 뿌리 시스템 또는 지역 재배 조건에 잘 맞는 기타 특성 때문에 선택됩니다.

접순을 대목에 접목하려면 접순과 대목 모두에 사선으로 절단해야 합니다. 그런 다음 접가지를 대목에 올려 두 개의 자른 부분이 일치하도록 합니다. 접목 테이프나 왁스를 사용하여 두 조각을 함께 고정할 수 있습니다. 시간이 지남에 따라 두 조각이 함께 자라서 접순과 대목의 최상의 특성을 결합한 새로운 식물을 만듭니다.

출아는 비슷한 과정이지만 접순을 사용하는 대신 새싹을 사용합니다. 번식시키려는 식물에서 새싹을 채취하여 대목에 자른 부분에 삽입합니다. 그런 다음 새싹은 고무줄이나 접목 테이프로 제자리에 고정됩니다. 접목과 마찬가지로 시간이 지남에 따라 새싹이 대목으로 자라서 두 식물의 특성을 결합한 새로운 식물을 만듭니다.

접목과 싹트기 모두 세심한 주의와 많은 인내가 필요합니다. 접순과 대목에 적합한 식물을 선택하고 절단이 올바른 각도로 이루어졌는지 확인하는 것이 중요합니다. 접목이나 새싹이 자리를 잡고 자라기 시작하는 데 몇 개월이 걸릴 수 있으므로 인내심을 갖고 새 식물의 진행 상황을 모니터링하는 것이 중요합니다. 실습을 통해 접목과 싹을 틔우면 재배 조건에 완벽하게 맞는 새로운 식물을 만들 수 있는 보람 있는 방법이 될 수 있습니다.

-식물 유전학 및 잡종의 이해

식물 유전학 및 잡종을 이해하는 것은 매우 복잡할 수 있지만 15세 어린이가 이해할 수 있도록 단순화하려고 노력할 것입니다.

유전학은 유전, 즉 형질이 부모 식물에서 자손에게 어떻게 전달되는지에 대한 연구입니다. 모든 식물은 꽃 색깔, 크기 및 성장 습관과 같은 특성을 결정하는 고유한 유전 정보 또는 DNA 세트를 가지고 있습니다.

식물은 유성생식과 무성생식의 두 가지 방식으로 번식할 수 있습니다. 유성 생식은 수컷 식물과 암컷 식물 사이의 유전 정보 전달을 포함하며, 그 결과 자손의 특성이 독특하게 조합됩니다. 여기서 하이브리드가 등장합니다. 잡종은 각각 고유한 특성을 가진 두 개의 서로 다른 부모 식물을 교배하여 생긴 식물입니다. 두 부모의 유전 정보를 결합함으로써 잡종 식물은 질병 저항성, 더 나은 수확량 또는 다른 꽃 색깔과 같은 새롭고 바람직한 특성을 나타낼 수 있습니다.

반면에 무성 생식은 단일 부모 식물의 식물 부분에서 새로운 식물을 만드는 과정입니다. 이것은 절단, 이식 및 조직 배양과 같은 기술을 통해 달성할 수 있습니다. 무성 생식은 부모 식물의 클론 또는 정확한 유전적 사본을 만듭니다.

식물 유전학 및 잡종을 이해하려면 DNA의 특정 부분인 유전자가 특정 특성을 전달하는 역할을 한다는 것을 아는 것이 중요합니다. 과학자들은 식물에서 수천 개의 유전자를 확인했으며 이들의 상호 작용은 상당히 복잡할 수 있습니다. 또한 일부 형질은 우성이어서 부모 중 한 쪽만 해당 형질을 가지고 있어도 자손에게 발현되는 반면, 다른 형질은 열성이므로 두 부모 모두 해당 형질을 가지고 있을 때만 나타납니다.

결론적으로 식물 유전학 및 잡종을 이해하는 것은 어미 식물에서 자손에게 형질이 어떻게 전달되는지, 그리고 과학자들이 교배 및 무성 생식을 통해 새롭고 바람직한 형질을 생성하는 방법을 아는 것을 포함합니다. 식물 유전학을 연구함으로써 과학자들은 우리 환경과 사회에 도움이 될 수 있는 더 강하고 건강하며 회복력 있는 식물을 만들기 위해 노력할 수 있습니다.

-나만의 식물 수종 만들기

자신만의 식물 수종을 만드는 것은 둘 이상의 식물의 유전자를 결합하여 바람직한 특성을 가진 새롭고 독특한 식물을 만드는 매혹적인 과정입니다. 이를 수행하는 방법에는 여러 가지가 있지만 가장일반적인 방법은 타가 수분입니다. 다음은 자신만의 식물수종을 만드는 방법에 대한 단계별 가이드입니다.

모수식물 선택: 첫 번째 단계는 결합하려는 두 모수식물을 선택하는 것입니다. 수종 식물에서 보고 싶은 바람직한 특성을 가지고 있는지 확인하십시오.

적시 선택: 적시에 식물을 타가 수분시키는 것이 중요합니다. 이것은 일반적으로 식물이 만발하고 꽃이 열릴 때입니다.

꽃가루 수집: 작은 솔이나 면봉을 사용하여 모 식물 중 하나에서 꽃가루를 수집합니다. 꽃이 다치지 않도록 부드럽게 다뤄주세요.

꽃가루 뿌리기: 수집한 꽃가루를 꽃가루가 발아할 꽃의 끈적끈적한 부분인 다른 모식물의 암술머리로 옮깁니다.

꽃 덮기: 꽃가루를 묻힌 후 오염으로부터 꽃을 보호하기 위해 종이 봉지 또는 비닐 랩으로 꽃을 덮으십시오.

기다리기: 꽃이 새로운 수종 식물의 씨앗을 포함할 열매로 발전하도록 기다립니다.

씨 심기: 열매가 익으면 씨를 거두어 심는다. 모든 씨앗이 원하는 수종 식물로 자라는 것은 아님을 기억하십시오.

새로운 식물 관찰하기: 식물이 자라면서 식물의 특성과 특성을 관찰하여 찾고 있던 원하는 특성이 있는지 확인하십시오.

자신만의 수종 식물을 만드는 것은 인내와 세부 사항에 대한 관심이 필요한 보람 있는 과정입니다. 이 단계를 따르면 독특하고 바람직한 특성을 가진 새로운 식물을 만들 수 있습니다.

-토양 준비 및 관리를 위한 고급 방법

식물을 성공적으로 재배하기 위해 고려해야 할 가장 중요한 요소 중 하나는 토양의 질입니다. 적절한 토양 준비 및 관리는 식물이 번성하는 데 필요한 영양분과 환경을 갖추도록 하는 데 필수적입니다.

시작하려면 가정 테스트 키트를 사용하거나 샘플을 실험실로 보내서 수행할 수 있는 영양분 함량 및 pH 수준에 대해 토양을 테스트하는 것이 중요합니다. 결과에 따라 pH를 조정하고 영양 수준을 높이기 위해 수정 사항을 추가할 수 있습니다. 이러한 수정에는 퇴비, 숙성 거름, 골분, 혈분 및 녹지가 포함될 수 있습니다.

토양을 개량한 후에는 적절한 배수를 보장하는 것이 중요합니다. 이것은 퇴비 또는 낙엽과 같은 유기물을 토양에 추가함으로써 달성될 수 있습니다. 산소와 영양분이 토양 깊숙이 침투할 수 있도록 토양을 경작하거나 통기하는 것도 중요합니다. 그러나 과도한 경운은 토양 다짐으로 이어져 식물 뿌리에 해로울 수 있습니다.

토양 관리의 또 다른 중요한 측면은 특정 영양소의 토양 고갈을 방지하기 위해 매년 같은 지역에 다른 작물을 심는 것과 관련된 윤작입니다. 이 관행은 또한 토양에 해충과 질병이 축적되는 것을 방지하는 데 도움이 될 수 있습니다.

또한 토양 건강을 개선하기 위해 덮개작물을 심을 수 있습니다. 이 작물은 토양 침식을 방지하고 잡초를 억제하며 경작할 때 토양에 영양분을 다시 추가하는 데 도움이 될 수 있습니다.

전반적으로 적절한 토양 준비 및 관리는 건강한 식물 성장에 필수적입니다. 정원사는 토양을 테스트하고, 개량제를 추가하고, 적절한 배수를 보장하고, 윤작과 덮개작물을 연습함으로써 식물을 위한 건강하고 번성하는 성장 환경을 조성할 수 있습니다

5장: 식물 집사 커뮤니티 만들기

-다른 식물 집사와 연결의 이점

다른 식물 집사와 연결하면 식물과 사람 모두에게 많은 이점이 있을 수 있습니다. 무엇보다도 식물을 관리하는 방법에 대한 팁과 조언을 공유할 수 있는 지원 커뮤니티를 제공할 수 있습니다. 이것은 식물을 적절하게 관리하는 방법에 대해 압도당하거나 확신이 없을 수 있는 새로운 식물 부모에게 특히 도움이 될 수 있습니다. 더 경험이 많은 식물 집사와 연결함으로써 그들은 실수와 성공으로부터 배울 수 있고 식물을 돌보는 자신의 능력에 대해 더 자신감을 가질 수 있습니다.

지원과 조언을 제공하는 것 외에도 다른 식물 부모와 연결하면 공동체 의식과 소속감을 키울 수 있습니다. 식물과 원예에 관심이 있는 같은 생각을 가진 개인을 만날 수 있는 좋은 방법이 될 수 있습니다. 이것은 공유된 열정에 대한 새로운 우정과 동지애로 이어질 수 있습니다.

다른 식물 집사와 연결하면 식물을 거래하고 공유할 기회도 열 수 있습니다[1]. 이것은 많은 돈을 들이지 않고도 식물 컬렉션을 확장할 수 있는 좋은 방법이 될 수 있습니다. 또한 자신의 식물을 다른 사람과 공유하여 원예의 기쁨과 아름다움을 전파할 수 있습니다.

전반적으로 다른 식물 집사와의 연결은 지원, 조언, 커뮤니티, 우정, 식물을 거래하고 공유할 수 있는 기회를 포함하여 광범위한 혜택을 제공할 수 있습니다. 식물 집사로서의 경험을 향상시키고 식물에 대한 사랑을 배우고 성장할 수 있습니다.

-지역 식물 동아리 및 커뮤니티 가입

지역 식물 클럽 및 커뮤니티에 가입하는 것은 식물 애호가가 원예에 대한 열정을 공유하고 비슷한 관심사를 공유하는 다른 사람들과 연결할 수 있는 좋은 방법이 될 수 있습니다. 다음은 지역 공장 클럽 및 커뮤니티에 가입하면 얻을 수 있는 몇 가지 이점입니다.

경험 많은 정원사에게 배우기: 식물 동아리에 가입하면 수년간 식물 재배 경험이 있는 경험 많은 정원사로부터 배울 수 있습니다. 이 전문가들로부터 귀중한 팁과 조언을 얻고 자신의 원예 관행에 적용할 수 있습니다.

새로운 식물 발견: 식물 클럽은 종종 식물 교환 또는 판매를 조직하여 회원들이 재배하거나 번식한 식물을 거래하거나 판매할 수 있습니다. 이것은 새로운 식물을 발견하고 컬렉션을 확장할 수 있는 좋은 기회가 될 수 있습니다.

네트워킹: 식물 클럽에 가입하면 네트워크를 형성하고 원예에 대한 열정을 공유할 새로운 친구를 사귈 수 있는 좋은 방법이 될 수 있습니다. 같은 생각을 가진 개인과 연결하고 의미 있는 관계를 구축할 수 있습니다.

지역사회 봉사: 많은 식물 동아리가 나무 심기 또는 공공 장소 미화와 같은 지역사회 봉사 프로젝트를 조직합니다. 이 프로젝트에 참여하는 것은 좋아하는 일을 하면서 커뮤니티에 보답하는 좋은 방법이 될 수 있습니다.

초청 연사 회의: 식물 클럽은 정원 관리와 관련된 다양한 주제에 대해 이야기하기 위해 종종 초청 연사를 회의에 초대합니다. 이 연사는 특정 식물 유형 또는 원예 기술의 전문가일 수 있으며 원예 세계에 대한 귀중한 통찰력을 제공할 수 있습니다.

전반적으로 지역 식물 클럽 및 커뮤니티에 가입하는 것은 다른 식물 애호가들과 연결하고 새로운 기술을 배우고 지역 사회에 환원할 수 있는 보람 있는 경험이 될 수 있습니다. 따라서 원예에 대한 열정이 있다면 해당 지역의 식물 클럽에 가입하여 멋진 식물 세계를 탐험해 보세요!

-다른 식물 집사와 지식 및 자원 공유

다른 식물 집사와 지식과 자원을 공유하는 것은 식물 관리에 대해 더 많이 배우고 일반적인 문제에 대한 해결책을 찾고 새로운 식물 종을 발견할 수 있는 좋은 방법입니다. 다음은 다른 식물 집사와 연결하는 것이 도움이 될 수 있는 몇 가지 방법입니다.

다른 사람의 경험에서 배우기: 다른 식물 집사와 이야기함으로써 그들의 경험과 실수에서 배울 수 있습니다. 그들은 특정 식물을 돌보거나 해충이나 질병과 같은 일반적인 문제를 다루는 요령을 가지고 있을 수 있습니다.

새로운 식물종 발견: 다른 식물 집사는 당신과 다른 식물을 가지고 있을 수 있으며 수집품에 대한 정보를 공유함으로써 다른 방법으로는 알지 못했던 새로운 식물 종을 발견할 수 있습니다.

식물 관리에 대한 조언 받기: 특정 식물에 문제가 있는 경우 다른 식물 집사가 식물을 관리하는 방법에 대한 조언을 제공할 수 있습니다. 그들은 자신의 식물에서 동일한 문제에 직면했을 수 있으며 작동하는 솔루션을 찾았습니다.

꺾꽂이와 씨앗 교환: 식물 컬렉션을 확장하는 데 관심이 있다면 다른 식물집사가 기꺼이 꺾꽂이나 씨앗을 교환할 수 있습니다. 이것

은 새 식물을 구입하지 않고도 얻을 수 있는 좋은 방법이 될 수 있습니다.

커뮤니티 구축: 지역 식물 클럽 또는 커뮤니티에 가입하면 관심사를 공유하는 다른 식물 집사와 연결하는 데 도움이 될 수 있습니다. 행사에 참석하고, 경험을 공유하고, 지원적인 환경에서 다른 사람들로부터 배울 수 있습니다.

요약하면, 다른 식물 집사와 연결하는 것은 식물 관리에 대해 더 많이 배우고, 새로운 식물 종을 발견하고, 같은 생각을 가진 개인의 커뮤니티를 구축하는 귀중한 방법이 될 수 있습니다. 지식과 자원을 공유함으로써 식물 집사로서 서로가 성장하고 번성하도록 도울 수 있습니다.

-지속 가능한 식물 소유권의 중요성 이해

지속 가능한 식물 소유의 중요성을 이해하는 것은 식물뿐만 아니라 환경의 건강과 웰빙을 유지하는 데 필수적입니다. 지속 가능한 식물 소유란 환경에 대한 부정적인 영향을 최소화하고 폐기물을 줄이는 방식으로 식물을 관리하는 것을 의미합니다.

지속 가능한 식물 소유권을 실천할 수 있는 방법 중 하나는 해당 지역의 자생 식물이나 그들이 살게 될 환경에 잘 맞는 식물을 선택하는 것입니다. 이렇게 하면 과도한 양의 물, 비료 또는 기타 자원 없이도 식물이 잘 자랄 수 있습니다. 지역 환경에 적응한 식물을 선택하면 토종 야생 동물에 해를 끼칠 수 있는 외래종의 도입 위험을 줄이는 데 도움이 됩니다

지속 가능한 식물 소유를 실천하는 또 다른 방법은 테라코타, 대나무 또는 생분해성 플라스틱과 같은 환경 친화적인 재료로 만든 화분과 용기를 선택하는 것입니다. 이러한 재료는 지속 가능하며 사용 수명이 다했을 때 매립 폐기물에 기여하지 않습니다.

또한 적절한 물주기, 가지치기, 해충 방제와 같은 적절한 식물 관리 기술을 실천하면 식물에서 생성되는 폐기물의 양을 줄이는 데 도움이 될 수 있습니다. 적절한 관수 기술에는 필요할 때만 식물에 물을 주고 물 낭비와 뿌리 부패로 이어질 수 있는 과도한 관수를 피하는 것이 포함됩니다. 식물을 정기적으로 가지치기하면 건강을 유지하고 건강한 성장을 촉진하여 비료 및 기타 식물 관리 제품의 필요성을 줄일 수 있습니다. 적절한 해충 방제 기술에는 유해한 화학

물질이 아닌 도우미 심기와 같은 자연 및 무독성 방법을 사용하는 것이 포함됩니다.

마지막으로 지속 가능한 식물 소유에는 잎, 줄기 및 기타 유기물을 포함한 식물 폐기물의 적절한 처리도 포함됩니다. 이러한 재료를 쓰레기통에 버리는 대신 퇴비화하여 정원의 토양을 비옥하게 하여 화학 비료의 필요성을 줄일 수 있습니다.

결론적으로 지속 가능한 식물 소유의 중요성을 이해하는 것은 지역 환경에 잘 맞는 식물 선택, 환경 친화적인 화분과 용기 사용, 적절한 식물 관리 기술 연습, 식물 폐기물의 적절한 처리를 포함합니다. 그렇게 함으로써 식물 소유권이 환경에 미치는 부정적인 영향을 최소화하고 식물의 건강과 웰빙을 유지하는 데 도움을 줄 수 있습니다.

-식물육아의 미래와 기술의 역할

식물 육성의 미래와 기술의 역할은 흥미롭고 빠르게 진화하는 주제입니다. 기술이 발전함에 따라 우리가 식물과 정원을 관리하는 방식이 변화하고 있습니다. 기술의 도움으로 식물 애호가들은 이제 집에 없을 때에도 식물을 쉽게 모니터링하고 관리할 수 있습니다.

식물 육성 기술의 가장 중요한 이점 중 하나는 식물 상태를 원격으로 모니터링하고 제어할 수 있는 능력입니다. 예를 들어, 스마트 식물 센서는 토양 수분, 온도, 빛, 양분 수준을 측정하고 식물에 주의가 필요한 경우 소유자의 스마트폰에 경고를 보낼 수 있습니다. 이는 식물 소유주가 집을 떠나 있더라도 식물이 건강하고 번성하도록 사전 조치를 취할 수 있음을 의미합니다.

식물 육성 기술의 또 다른 흥미로운 발전은 인공 지능 및 기계 학습 알고리즘의 사용입니다. 이러한 도구는 식물 센서 및 기타 소스의 데이터를 분석하여 개별 식물에 대한 개인화된 관리 권장 사항을 생성할 수 있습니다. 이것은 식물 소유자가 식물의 요구 사항을 더 잘 이해하고 보다 효과적인 관리를 제공하는 데 도움이 될 수 있습니다.

식물 소유자가 식물 문제를 식별하고 진단하는 데 도움이 되는 다양한 앱과 온라인 도구도 있습니다. 이러한 리소스는 해충, 질병 및 영양 결핍과 같은 문제를 해결하는 방법에 대한 조언과 지침을 제공할 수 있습니다.

식물 관리를 돕는 기술 외에도 새로운 유형의 식물을 설계하고 만드는 데에도 사용되고 있습니다. 예를 들어, 유전 공학은 해충과 질병에 저항성이 있고 더 오래 보관할 수 있으며 영양가가 더 높은 식물을 만드는 데 사용되고 있습니다. 이 기술은 농업에 혁명을 일으키고 증가하는 세계 인구를 먹일 수 있는 잠재력을 가지고 있습니다.

전반적으로 식물 육성에서 기술의 역할은 빠르게 확대되고 있으며 우리가 식물을 돌보고 상호 작용하는 방식을 변화시킬 잠재력이 있습니다. 기술을 사용하여 식물을 모니터링 및 유지 관리하고 문제를 식별 및 해결하며 새로운 유형의 식물을 생성함으로써 식물 애호가는 이전보다 더 건강하고 활기찬 정원을 즐길 수 있습니다.

6장: 계절별 식물과 나무에 필요한 영양소-

봄에 필요한 영양소

봄에 나무와 식물은 성장과 발달을 지원하기 위해 다양한 영양소가 필요합니다. 이러한 영양소는 다량 영양소와 미량 영양소의 두 가지 주요 범주로 나눌 수 있습니다. 다량 영양소는 상대적으로 많은 양이 필요한 영양소이며, 미량 영양소는 적은 양이 필요한 영양소입니다.

봄에 식물과 나무에 필요한 가장 중요한 3대 다량 영양소는 질소, 인, 칼륨. 이 세 가지 영양소는 종종 N-P-K라고 하며 가정 및 정원 상점에서 구할 수 있는 완전 비료에서 일반적으로 발견됩니다. 질소는 잎이 많은 성장을 촉진하고 식물이 성장하고 발달하는 데 필요한 에너지를 생산하도록 돕기 때문에 봄에 특히 중요합니다.

N-P-K 외에도 식물과 나무는 봄에 여러 가지 미량 영양소를 필요로 합니다. 가장 중요한 미량 영양소에는 철, 마그네슘 및 칼슘이 포함됩니다. 이러한 미량 영양소는 일반적으로 토양에서 자연적으로 발견되지만 경우에 따라 비료로 보충해야 할 수도 있습니다.

봄에 식물과 나무에 영양분을 공급할 때 가장 좋은 방법은 모든 필수 다량 영양소와 미량 영양소를 올바른 비율로 포함하는 균형 잡힌 비료를 사용하는 것입니다. 이렇게 하면 식물과 나무가 성장기 내내 강하고 건강하게 자라는 데 필요한 모든 것을 갖추도록 할 수 있습니다. 또한 식물과 나무에 해를 끼칠 수 있는 과도한 비료를 피하기 위해 비료에 대한 지침을 주의 깊게 따르십시오.

-여름에 필요한 영양소

여름 동안 나무와 식물은 건강하고 번성하기 위해 다양한 영양소가 필요합니다. 식물에 필요한 세 가지 가장 중요한 다량 영양소는 질소(N), 인(P) 및 칼륨(K)입니다. 질소는 잎이 많은 성장에 중요하고 인은 뿌리와 꽃 발달에 필수적이며 칼륨은 식물의 전반적인 건강과 활력에 도움이 됩니다 .이 세 가지 다량 영양소는 다른 필수 영양소보다 더 많은 양이 필요하며 일반적으로 완전한 비료에서 발견됩니다.

다량 영양소 외에도 여름 동안 식물에 필요한 다른 필수 식물 영양소가 있습니다. 칼슘과 마그네슘은 식물의 성장과 발달에도 중요한 두 가지 영양소입니다. 칼슘은 세포벽의 형성과 구조를 돕는 반면, 마그네슘은 식물이 양분을 만드는 광합성에 필요합니다.

유황은 여름 동안 식물이 소량으로 필요로 하는 또 다른 필수 영양소입니다. 유황은 단백질 합성에 필요한 아미노산의 발달을 돕고 광합성에 필수적인 엽록소 형성에도 역할을 합니다.

이러한 필수 영양소 외에도 식물에는 미량 영양소가 필요하며 이는 매우 소량이지만 전반적인 건강에 여전히 중요합니다. 이러한 미량 영양소에는 철, 아연, 구리, 망간, 붕소, 몰리브덴 및 염소가 포함됩니다. 이러한 영양소는 종종 토양에서 자연적으로 발견되지만 경우에 따라 수정을 통해 추가해야 할 수도 있습니다.

전반적으로 여름에는 식물이 번성하는 데 필요한 영양소의 균형을 적절하게 유지하는 것이 중요합니다. 이것은 필수 다량 영양소, 미량 영양소 및 식물에 필요한 기타 필수 영양소를 제공할 수 있는 비료 사용을 통해 달성할 수 있습니다. 식물에 해를 끼칠 수 있으므로 비료 포장에 대한 지침을 따르고 과도하게 비료를 주지 않는 것이 중요합니다. 또한 정기적으로 물을 주고 멀칭을 하면 여름 동안 식물이 필요한 영양분을 얻을 수 있습니다.

과일 생산을 돕고 질병의 위험을 줄이기 위해 계절 초반에 과일 나무를 가지 치십시오.

진딧물이나 애벌레와 같은 해충의 징후가 있는지 나무를 확인하십시오. 살충 비누나 님 오일을 사용하여 침입을 제어할 수 있습니다.

나무가 충분한 물을 받고 있는지 확인하십시오. 과일 나무는 건강한 과일을 생산하기 위해 일정한 수분이 필요합니다.

더 크고 고품질의 과일을 만들기 위해 과도한 과일을 솎아냅니다. 일반적인 경험 법칙은 가지 6인치당 1개의 과일을 남기는 것입니다.

-가을에 필요한 영양소

가을이 되면 기온이 내려가기 시작하면서 나무와 식물들이 겨울을 준비하기 시작합니다. 이 휴면기에 대비하여 식물 관리의 초점은 에너지 비축량을 늘리고 건강한 뿌리 시스템을 유지하는 쪽으로 이동합니다.

가을에 나무와 식물에 필요한 필수 영양소 중 하나는 칼륨(K) 입니다. 이 영양소는 식물이 질병에 저항하고 물 사용량을 조절하며 겨울을 준비하도록 도와줍니다. 칼륨은 또한 휴면 기간 동안 식물의 에너지 비축에 중요한 탄수화물 대사를 조절하는 데 도움이 됩니다.

가을 동안 나무와 식물에 필요한 또 다른 영양소는 질소(N) 입니다. 질소는 새로운 뿌리, 줄기 및 잎의 성장에 중요하지만 가을에는 식물이 휴면기에 사용할 단백질 및 기타 유기 화합물의 생산 및 저장으로 그 역할이 바뀝니다.

인(P)은 식물이 가을에 필요로 하는 또 다른 필수 영양소입니다. 인은 식물 내에서 광합성과 에너지 전달에 중요한 역할을 합니다. 또한 번식을 위해 종자 생산에 의존하는 나무에 특히 중요한 종자 생산 및 성숙에 도움이 됩니다.

마그네슘(Mg)과 황(S)도 식물에 중요한 영양소이지만 대부분의 토양에 이미 충분한 양으로 존재하는 경우가 많기 때문에 일반적으로 비료로 시용할 필요가 없습니다.

가을 동안 식물의 특정 영양소 요구 사항 외에도 나무에서 잎이 떨어지는 과정이 실제로 토양 건강에 도움이 될 수 있음을 기억하는 것이 중요합니다. 잎이 분해되면서 토양으로 영양분을 방출하고 강우를 흡수하고 보유할 수 있는 해면질 부식질 층을 만드는 데 도움을 주며 이는 건강한 산림 생태계에 필수적입니다

요약하면, 가을철에는 나무와 식물이 에너지를 비축하고 질병에 저항하며 겨울을 준비하기 위해 칼륨, 질소, 인이 필요합니다. 마그네슘과 황도 식물 성장에 중요한 영양소이지만 대부분의 토양에 이미 충분한 양으로 존재하는 경우가 많습니다. 토양 건강과 생태계 지속 가능성을 위한 낙엽의 이점을 기억하는 것도 중요합니다.

-겨울에 필요한 영양소

겨울에는 대부분의 나무와 식물이 휴면 상태가 되고 필요한 영양분도 줄어듭니다. 그러나 일부 나무와 식물은 성장과 건강을 지원하기 위해 여전히 특정 영양소가 필요할 수 있습니다. 나무와 식물은 생존을 위해 질소, 인, 칼륨이라는 세 가지 주요 영양소가 필요합니다. 질소는 나무와 식물이 햇빛, 물, 흙을 음식으로 바꾸도록 돕고 잎에 짙은 녹색을 줍니다. 나무는 질소를 사용하여 아미노산을 만들고 잎의 성장을 자극합니다. 인은 건강한 뿌리 성장과 꽃 발달을 촉진하고 칼륨은 수분 이동을 조절하고 스트레스 내성을 향상시킵니다. 이러한 영양소는 나무의 전반적인 건강과 겨울철 생존을 위해 필요합니다. 그러나 나무는 종, 연령 및 성장 조건에 따라 필요한 영양소가 다르다는 점에 유의해야 합니다. 따라서 특정 나무나 식물의 특정 영양소 요구 사항을 결정하기 위해 전문가와 상담하거나 연구를 수행하는 것이 중요합니다. 또한 나무와 식물은 겨울 동안 토양 온도를 조절하고 수분을 유지하는 데 도움이 되는 뿌리 덮개와 나무나 주변 식물에서 떨어지는 잎사귀와 바늘이 토양을 분해하고 영양분으로 보충하는 데 도움이 될 수 있습니다.

7장: 식물과 나무별 계절에 따른재배 및 관리방법

-과실수 (유실수) 재배 및 관리방법

과일 손실을 관리하는 것은 어려울 수 있지만 어느 정도의 지식과 노력을 기울이면 효과적으로 관리할 수 있습니다. 다음은 각 계절의 과일 손실을 관리하기 위한 몇 가지 팁입니다.

봄: 복숭아

과일 생산을 돕고 질병의 위험을 줄이기 위해 계절 초반에 과일 나무를 가지 치십시오.

진딧물이나 애벌레와 같은 해충의 징후가 있는지 나무를 확인하십시오. 살충제나 님 오일을 사용하여 침입을 제어할 수 있습니다.

나무가 충분한 물을 받고 있는지 확인하십시오. 과일 나무는 건강한 과일을 생산하기 위해 일정한 수분이 필요합니다.

더 크고 고품질의 과일을 만들기 위해 과도한 과일을 솎아냅니다. 일반적인 경험 법칙은 가지 6인치당 1개의 과일을 남기는 것입니다.

여름: 포도

해충과 질병의 징후를 주시하십시오. 일부 일반적인 여름 해충에는 거미 진드기, 총채벌레 및 일본 딱정벌레가 포함됩니다. 질병 관리는 곰팡이 병원균을 막기 위해 유기 살균제와 재배 관행을 사용하여 예방적이어야 합니다.

건기에는 나무에 물을 충분히 주어 과일이 마르지 않도록 하십시오.

과일은 익는 즉시 수확하여 동식물이 훔치거나 훼손하는 일이 없도록 하십시오.

새가 과일을 먹지 못하도록 그물이나 새 겁주기를 사용하십시오.

가을: 배

썩거나 손상되지 않도록 익을 때 과일을 선택하십시오.

질병과 곤충의 확산을 방지하기 위해 정기적으로 떨어진 과일을 청소하십시오.

적절한 영양분과 물을 공급하여 나무가 겨울에 건강해 지도록 합니다.

죽은 나무나 병든 나무를 제거하기 위해 열매를 맺은 후에 나무를 가지치기하십시오.

겨울: 사과

줄기를 삼베로 감싸거나 플라스틱 트리 가드를 사용하여 화상이나 설치류 피해와 같은 겨울 손상으로부터 나무를 보호하십시오.

겨울 휴면기에 나무를 가지치기하여 죽은 나무나 병든 나무를 제거하고 나무 모양을 만드십시오.

겨울을 나는 해충과 그 알을 죽이기 위해 휴면 오일 스프레이를 뿌립니다.

땅이 얼기 전에 물을 충분히 주어 겨울철에 나무에 충분한 수분을 공급하십시오.

좋은 나무 관리 관행과 일관된 모니터링은 일년 내내 과일 손실을 관리하는 데 큰 도움이 될 수 있음을 기억하십시오. 정기적으로 나무를 검사하고 적절한 영양분과 물을 공급하며 건강하고 생산적인 과일 수확을 위해 문제가 발생하는 즉시 해결하십시오.

-계절별 침엽수 재배 및 관리

봄: 에메랄드 그린

침엽수에 부러진 가지나 겨울 동안 발생한 기타 피해가 있는지 확인하십시오. 죽거나 손상된 가지를 제거하십시오.

필요에 따라 가지치기: 침엽수에 모양을 만들어야 한다면 봄이 가지치기에 좋은 시기입니다. 소독하고 깨끗하고 날카로운 도구를 사용하고 한 번에 너무 많이 자르지 마십시오.

패키지 지침에 따라 침엽수용으로 제조된 비료를 시비합니다.

여름: 측백나무

침엽수는 특히 덥고 건조한 날씨에 정기적으로 물을 주어야 합니다. 깊은 뿌리 성장을 장려하기 위해 깊이 물을주십시오.

습기를 유지하고 잡초를 억제하는 데 도움이 되도록 침엽수의 바닥 주위에 멀칭 층을 적용합니다.

거미진드기나 깍지벌레 등의 해충을 주의하세요. 침입을 발견하면 즉시 살충 비누나 오일로 치료하십시오.

가을: 사이프러스

날씨가 추워지면 겨울 날씨로 인해 손상될 수 있는 성장 촉진을 방지하기 위해 침엽수 시비를 중단할 때입니다.

땅이 얼 때까지 필요에 따라 침엽수에 계속해서 물을 줍니다.

혹독한 겨울 날씨로 인한 손상을 방지하기 위해 어린 침엽수 또는 취약한 침엽수를 삼베 또는 기타 보호 재료로 감싸는 것을 고려하십시오.

겨울: 침엽수

겨울 동안 침엽수 가지치기를 하면 피해를 입힐 수 있고 추운 날씨로 인해 피해를 입을 수 있는 새로운 성장을 촉진할 수 있습니다.

겨울철 가뭄이 발생하면 정기적으로 침엽수에 물을 주어 수분을 유지하십시오.

가지가 부러지지 않도록 침엽수에서 눈과 얼음을 부드럽게 제거합니다.

-계절별 관엽수 재배 및 관리방법

봄: 몬스테라

낮이 길어지고 밝아지면 실내 화초가 더 활발하게 자라기 시작할 것입니다. 충분한 빛(단, 잎을 태울 수 있는 직사광선은 피함)을 주고 더 자주 물을 주어야 합니다. 봄은 더운 여름이 오기 전에 새 용기에 적응할 시간이 충분하기 때문에 화분에서 자란 식물을 다른 화분에 옮겨 심기에 좋은 시기입니다. 식물에 비료를 주고 싶다면 균형 잡힌 비료를 선택하고 지침을 주의 깊게 따르십시오.

여름: 몬스테라 꽃

많은 관엽 식물은 따뜻하고 습한 환경에서 잘 자라는 열대 식물입니다. 여름에는 물을 충분히 주고 잎에 분무를 하여 습도를 높이십시오.

덥고 건조한 조건에서 증식할 수 있는 거미 진드기나 메뚜기 같은 해충을 주시하십시오.

휴가를 떠나는 경우, 당신이 자리를 비운 동안 식물에 물을 줄 누군가를 정하십시오.

가을: 몬스테라

낮이 짧아지고 시원해지면 실내 식물의 성장이 느려지기 시작합니다. 많이 필요하지 않으므로 물주기와 비료주기를 줄이십시오.

가을은 약간 더 시원한 온도에서 더 쉽게 뿌리를 내리기 때문에 번식하려는 식물에서 꺾꽂이를 하기 좋은 시기입니다.

특히 추운 기후에 살고 있는 경우 민감한 식물을 창 가까이로 옮기거나 충분한 빛을 제공하기 위해 재배 조명을 추가하는 것을 고려하십시오.

겨울: 유칼립투스

많은 관엽식물은 겨울 동안 휴면기에 들어가므로 물주기와 비료주기를 더욱 줄여야 합니다.

특히 실내 환경이 건조한 경우 가습기를 추가하여 식물에 더 많은 수분을 공급하는 것을 고려하십시오.

창문이나 문 근처와 같이 바람이 잘 통하는 곳이나 차가운 곳에서 멀리 떨어진 곳에 식물을 두십시오.

-수국 재배 및 관리 방법

수국은 모든 정원이나 풍경에 아름다움을 더할 수 있는 인기 있는 꽃식물입니다. 다음은 사계절 내내 수국을 재배하기 위한 몇 가지 요령입니다.

봄:

아침 햇살과 오후 그늘을 받는 장소를 선택하십시오.

축축하지만 배수가 잘되는 토양에 수국을 심습니다. 배수를 돕기 위해 토탄을 추가할 수 있습니다. 뿌리 공만큼 깊고 너비가 최소 두 배인 흙에 넓은 구멍을 파십시오.

일주일에 한 번 또는 흙의 윗부분이 건조하다고 느낄 때마다 식물에 물을 충분히 줍니다.

죽은 나무를 가지치기하고 겨울을 견디지 못한 줄기를 잘라냅니다.

여름:

수국은 더운 여름, 특히 강우량이 없는 경우 정기적으로 물을 주어야 합니다. 적어도 일주일에 한 번 깊이 물을 주어 토양이 촉촉하지만 물에 잠기지 않도록 합니다.

수분을 유지하고 토양의 온도를 조절하는 데 도움이 되도록 식물 바닥 주변에 멀칭을 합니다.

더 많은 꽃이 형성되도록 장려하기 위해 사용한 꽃을 제거하여 꽃으로 멀칭합니다.

균형잡힌 비료로 한 달에 한 번 수국에 비료를 주어 건강한 성장과 개화를 촉진합니다.

가을:

날씨가 추워지면 수국에 주는 물의 양을 줄여주세요.

식물이 겨울을 준비하도록 돕기 위해 비료를 중단하십시오.

잎이 떨어진 후 가지를 높이의 1/3 정도까지 가지치기하십시오. 이것은 식물이 봄에 새싹을 자라게 하는 데 도움이 됩니다.

겨울:

겨울에는 수국이 휴면기이므로 할 일이 많지 않습니다.

겨울이 혹독한 지역에 거주하는 경우 서리 피해를 방지하기 위해 뿌리 덮개로 식물을 보호하거나 낙엽으로 덮는 것이 좋습니다.

전반적으로 수국은 상대적으로 관리하기 쉽고 모든 정원에 잘 어울립니다. 적절한 관리와 주의를 기울이면 성장기 내내 아름다운 꽃으로 보답할 것입니다.

-계절별 장미 재배 및 관리방법

장미를 키우는 것은 보람 있는 경험이지만 일년 내내 적절한 관리와 관심이 필요합니다. 다음은 초보자를 위한 계절별 장미 재배 방법에 대한 몇 가지 팁입니다.

봄:

장미를 가지치기하여 죽거나 병든 나무를 제거합니다.

균형 잡힌 천천히 방출되는 비료로 장미에 비료를 주세요.

깊이 물을 주어 뿌리가 토양에서 더 아래로 확장되도록 격려합니다.

여름:

특히 가뭄 기간 동안 계속해서 정기적으로 깊이 물을 줍니다.

새 꽃을 피우기 위해 죽은 머리 색이 바랜 꽃.

흑점 또는 진딧물과 같은 해충 및 질병의 징후를 관찰하고 필요에
따라 치료합니다.

가을:

데드헤딩을 중단하고 장미 엉덩이가 형성되도록 허용하여 식물에 겨울 준비를 시작할 시간임을 알립니다.

장미가 겨울을 날 수 있도록 충분한 수분을 유지하도록 깊이 물을 줍니다.

뿌리를 보호하기 위해 식물 바닥 주위에 멀칭 층을 적용합니다.

겨울:

장미가 겨울을 준비할 수 있도록 늦여름에 장미에 시비를 중단하십시오.

장미가 휴면 상태가 되면 가볍게 가지치기를 하여 죽거나 병든 나무를 제거합니다.

낙엽이나 장미 콘으로 덮어 혹독한 겨울 날씨로부터 식물을 보호하세요.

특정 관리 지침이 필요할 수 있으므로 항상 재배하는 특정 유형의 장미를 조사하는 것을 잊지 마십시오. 적절한 관리를 통해 장미는 번창하고 앞으로 몇 년 동안 정원에 아름다움을 제공할 것입니다.

-계절별 자작나무 재배 및 관리방법

자작나무는 독특한 흰색 껍질과 우아하고 섬세한 잎으로 유명합니다. 자작나무를 키우고 돌보려는 초보자라면 다음과 같은 계절별 팁이 있습니다.

봄

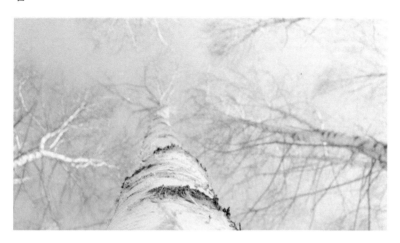

겨울 폭풍이나 해충으로 인해 나무가 손상되지 않았는지 확인하십시오.

토양을 촉촉하게 유지하기 위해 일주일에 한 번 나무에 깊이 물을 줍니다.

천천히 방출되는 비료로 나무에 비료를 주되 과도한 비료는 피하십시오.

죽거나 손상된 가지를 가지치기하되 과도한 가지치기는 피하십시오.

여름

일주일에 한 번 나무에 깊이 물을 주고 가뭄이나 폭염 기간에는 더 자주 물을 주세요.

수분을 유지하고 잡초를 억제하는 데 도움이 되도록 나무 밑동 주위에 멀칭

잎이 노랗게 변하거나 곰팡이가 번식하는 등 해충이나 질병의 징후를 관찰하고 필요에 따라 치료합니다 .

가을

땅이 얼 때까지 일주일에 한 번 계속해서 나무에 깊이 물을 줍니다
.

겨울 동안 뿌리를 보호하기 위해 나무 바닥 주위에 멀칭 층을 적용
합니다

죽거나 손상된 가지를 잘라냅니다.

겨울

자작나무는 단단하고 추운 온도를 견딜 수 있지만 어린 나무를 거친 바람과 눈으로부터 보호합니다..

과도한 수분으로 인해 뿌리가 썩을 수 있으므로 겨울에는 나무에 물을 주지 마십시오.

겨울 동안 과도한 가지치기는 나무를 손상시킬 수 있으므로 하지 마십시오.

전반적으로 자작나무 관리에는 적절한 물과 영양분 공급, 해충 및 질병으로부터 나무 보호, 필요한 경우 가지치기가 포함됩니다. 적절한 관리를 통해 자작나무는 앞으로 수년 동안 아름다움과 그늘을 제공할 수 있습니다.

-계절별 야생화 재배 및 관리방법

야생화를 키우고 돌보는 것은 초보자가 원예 여행을 시작하는 좋은 방법입니다. 야생화는 유지 관리가 적고 재배하기 쉬우며 모든 정원에 다채롭고 다양한 추가 기능을 제공할 수 있습니다. 다음은 계절별 야생화 재배 및 관리에 대한 몇 가지 요령입니다.

봄: 양귀비

야생화는 배수가 잘되는 토양이 필요합니다. 자루에 담긴 정원 흙, 퇴비, 놀이용 모래를 섞어 야생화에 이상적인 흙 혼합물을 만들 수 있습니다. 또는 땅에 직접 심는 경우 이러한 수정 사항을 토양으로 경작할 수 있습니다.

일반적으로 흙을 긁고 씨앗을 뿌릴 수 있습니다. 씨앗이 흙에 닿도록 발로 흙 속으로 밀어 넣을 수 있습니다. 심은 후 토양에 철저히 물을주십시오.

양분과 물을 두고 야생화와 경쟁할 수 있는 잡초를 주의 깊게 살펴보십시오. 잡초는 보자마자 뽑는다.

여름:라벤더

야생화는 특히 건조한 기간 동안 지속적인 물주기가 필요합니다. 토양이 약 6인치까지 축축해지도록 일주일에 한 번 깊이 물을 줍니다.

야생화가 시들기 시작하면 사용한 꽃을 제거하여 데드헤딩합니다. 이것은 식물이 더 많은 꽃을 생산하도록 장려합니다.

야생화가 번성하지 않는 것을 발견하면 질소 함량이 낮은 완속성 비료로 비료를 줄 수 있습니다.

가을: 임팔라 릴리

꽃이 씨를 뿌리도록 허용: 야생화가 시들기 시작하면 꽃이 씨를 떨어뜨리도록 합니다. 이것은 내년 정원을 위한 자가 파종을 장려할 것입니다.

가을에 패치를 깎고 자른 부분을 땅에 남겨둡니다. 이것은 토양을 보호하고 겨울 동안 천연 뿌리 덮개를 제공하는 데 도움이 될 것입니다.

겨울: 복수초

겨울이 혹독한 지역에서는 야생화 패치 위에 멀칭 층을 추가하여 토양을 보호하십시오. 이것은 토양을 단열하고 건조를 방지하는 데 도움이됩니다.

겨울철에는 토양 수분 수준을 정기적으로 확인하십시오. 흙이 너무 건조해지면 물을 주세요.

전반적으로 야생화를 키우고 돌보는 일은 비교적 간단합니다. 토양을 촉촉하게 유지하고 꽃이 씨를 뿌릴 수 있도록 하며 사용한 꽃이 시들지 않도록 하는 것이 중요합니다. 약간의 관심을 기울이면 야생화는 어떤 정원에도 아름답고 유지 보수가 적게 드는 추가 요소를 제공할 수 있습니다.

-계절별 국화 재배 및 관리방법

국화, 줄여서 국화는 가을에 피는 인기 있는 꽃식물입니다. 다음은 초보자가 계절에 따라 국화를 키우고 관리하는 방법에 대한 몇 가지 팁입니다.

봄

햇빛이 완전히 들어오는 곳에서 부분적으로 그늘이 지는 위치를 선택하세요.

흙의 pH는 6.0~7.0으로 배수가 잘 되도록 하십시오.

마지막 서리가 내린 후 야외에서 국화를 심거나 씨앗에서 시작하는 경우 마지막 서리가 내리기 6~8주 전에 실내에서 심습니다.

정기적으로 물을 주어 토양을 촉촉하게 유지하되 물에 잠기지 않게

4~6주마다 균형 잡힌 천천히 방출되는 비료를 시비하십시오.

여름

몇 주에 한 번씩 줄기 끝을 꼬집어서 덤불로 자라게 하세요.

더 많은 꽃을 피우기 위해 정기적으로 죽은 꽃을 피웁니다.

물은 정기적으로, 특히 건기에는

진딧물, 거미진드기 등의 해충을 주의하고 필요시 살충제로 방제합니다.

가을

국화는 일반적으로 가을에 꽃이 피지만 여름에 줄기 끝을 꼬집어 더 일찍 꽃을 피울 수 있습니다.

첫 서리가 내린 후 줄기를 2-3인치로 자릅니다.

추운 기온으로부터 뿌리를 보호하기 위해 식물의 뿌리 주변에 멀칭 해주세요

정기적으로 물을 주세요. 특히 건조한 날에는 더 자주 물을 주세요 .

겨울: 수레국화

겨울이 혹독한 지역에서는 식물을 추위로부터 보호하기 위해 뿌리 덮개 또는 낙엽층으로 식물을 덮으십시오.

화분에서 국화를 키우는 경우 첫 서리가 내리기 전에 실내로 옮기 십시오.

전반적으로 국화는 상대적으로 키우고 돌보기가 쉽습니다. 적당한 양의 태양, 물, 영양분이 있으면 가을에 아름다운 꽃을 피울 것입 니다..

-계절별 벚나무 재배 및 관리 방법

벚나무는 어떤 정원에나 어울릴 수 있는 아름다운 식물이며 적절한 관리를 통해 사계절 내내 꽃을 피울 수 있습니다. 다음은 각 계절에 따라 벚꽃 나무를 키우고 관리하는 방법에 대한 몇 가지 팁입니다.

봄

봄은 이 계절에 꽃이 피기 때문에 벚꽃나무에게 중요한 시기입니다. 봄을 준비하려면 새싹이 나기 전인 늦겨울이나 초봄에 벚꽃 나무 가지치기를 하십시오. 가지치기는 새싹과 가지의 성장을 촉진하는 데 도움이 될 수 있으며 나무 모양을 만드는 데도 도움이 될 수 있습니다. 봄에는 정기적으로 나무에 물을 주도록 하십시오. 특히 건조한 지역에 거주하는 경우 더욱 그렇습니다. 이렇게 하면 나무가 성장과 발달을 지원하기에 충분한 수분을 갖게 됩니다.

여름

여름에는 벚꽃 나무가 잘 자라기 위해 충분한 햇빛과 물이 필요합니다. 특히 덥고 건조한 날씨에는 정기적으로 나무에 물을 주어야

합니다. 온도가 높은 지역에 거주하는 경우 나무에 그늘을 제공하여 태양으로부터 나무를 보호하십시오. 또한 해충과 질병이 나무를 공격하는 것을 방지하기 위해 나무 주변에 잡초와 잔해물이 없도록 유지하십시오.

가을

가을에 벚꽃나무는 잎을 떨어뜨리며 겨울을 준비합니다. 이는 추운 계절에 나무가 에너지를 보존할 수 있도록 하는 자연스러운 과정입니다. 나무가 겨울을 나도록 돕기 위해 가을 내내 충분한 물을 주어야 합니다. 이것은 나무의 뿌리를 강화하고 더 추운 달을 생존하기에 충분한 수분을 유지하는 데 도움이 될 것입니다. 또한 뿌리를 단열하고 영하의 온도로부터 보호하기 위해 나무 바닥 주위에 멀칭 층을 추가할 수 있습니다.

겨울

벚꽃 나무는 겨울 동안 휴면 상태이므로 다른 계절만큼 관리가 필요하지 않습니다. 그러나 혹독한 겨울 기상 조건으로부터 나무를 보호하는 것은 여전히 중요합니다. 추운 기온이나 눈이 내리는 지역에 거주하는 경우 나무 줄기를 삼베 또는 기타 보호 재료로 감싸는 것을 고려하십시오. 이것은 나무를 단열하고 결빙 온도 또는 눈 축적으로 인한 손상을 방지하는 데 도움이 됩니다.

요약하면, 벚나무를 키우고 관리하려면 충분한 햇빛, 물, 영양분을 확보하고 극한의 기상 조건으로부터 보호해야 합니다. 이러한 요령을 따르면 일년 내내 벚꽃 나무의 아름다움을 즐길 수 있습니다.

-라일락 계절별 재배와 관리방법

라일락은 대부분의 지역에서 자랄 수 있는 아름다운 꽃나무입니다. 다음은 각 계절에 라일락 나무를 키우고 관리하는 방법에 대한 안내입니다.

봄

봄에 라일락 뿌리 주변에 퇴비를 바릅니다. 햇볕이 잘 들고 배수가 잘 되는 토양을 선택하십시오. 라일락이 자란 용기만큼 깊고 두 배 넓은 구멍을 파십시오. 구멍에 식물을 놓고 뿌리 꼭대기가 토양 높이보다 약간 높게 위치하도록 합니다.

강우량이 일주일에 1인치 미만이면 봄철에 정기적으로 라일락에 물을 줍니다.

여름

강우량이 일주일에 1인치 미만이면 라일락에 계속 물을 줍니다.

가지치기: 라일락이 개화를 마친 후 사용한 꽃을 제거합니다.

라일락 나무에 너무 많은 비료를 주지 마십시오. 꽃이 피지 않을 수 있습니다. 늦겨울에 소수의 10-10-10 비료를 뿌릴 수 있습니다.

가을

수분을 유지하고 잡초를 제어하기 위해 라일락의 뿌리 주변에 멀칭 층을 추가합니다.

나무의 모양을 유지하기 위해 가을에 빨판을 제거합니다.

가을에는 라일락에 덜 자주 물을 줍니다.

겨울

어린 라일락 나무는 겨울에 보호가 필요할 수 있습니다. 뿌리가 얼지 않도록 뿌리 덮개 또는 짚으로 나무 바닥을 덮으십시오.

겨울에 라일락 나무를 가지치기하여 죽거나 병들거나 손상된 가지를 제거합니다.

전반적으로 라일락 나무가 잘 자라고 꽃을 피우려면 정기적인 물 공급, 좋은 배수, 충분한 태양이 필요합니다. 적절한 관리와 주의를 기울이면 라일락은 수년 동안 꽃을 피울 수 있으며 어떤 정원이나 풍경에도 향기를 더할 수 있습니다

-단풍나무의 계절별 재비 및 관리방법

단풍나무는 아름다운 잎사귀와 그늘 때문에 조경용으로 인기가 높습니다. 다음은 계절마다 단풍나무를 키우고 관리하는 방법에 대한 몇 가지 팁입니다.

봄

이른 봄, 새싹이 나기 전이 단풍나무 가지치기에 가장 좋은 시기입니다. 이것은 새로운 성장과 더 완전한 형태를 촉진할 것입니다.

단풍나무를 심는 경우, 땅이 녹은 후 나무가 잎사귀를 내기 시작하기 전에 시즌 초에 심습니다.

여름

새로 심은 단풍나무에 정기적으로, 특히 건기에 물을 줍니다. 첫해가 지나면 일반적으로 자리 잡은 나무는 추가 물을 필요로 하지 않습니다.

여름철 단풍나무에 피해를 줄 수 있는 매미, 탄저병 등의 병충해를 확인한다.

가을

가을에는 단풍나무 잎이 떨어지기 전에 화려한 색으로 물듭니다. 변화하는 나뭇잎의 아름다움을 즐기십시오!

새로 심은 단풍나무의 뿌리를 보호하려면 나무 밑동 주위에 뿌리덮개를 한 겹 깔아줍니다.

겨울

추운 기후에 거주하는 경우 단풍나무를 납엽이나 다른 보호 덮개로 감싸 겨울철 손상으로부터 보호하십시오. 단풍나무는 일반적으로 겨울에 휴면 상태이므로 많은 관리가 필요하지 않습니다.

전반적으로 단풍나무는 상대적으로 유지 관리가 적고 일단 확립되면 최소한의 관리로 번성할 수 있습니다. 그러나 정기적인 가지치기와 해충 및 질병 검사는 단풍나무를 건강하고 아름답게 유지하는 데 도움이 될 수 있습니다.

-버드나무의 계절별 재배 및 관리방법

버드나무는 자라기 쉽고 적당한 관리가 필요하며 다양한 기후와 토양 유형에서 자랄 수 있습니다. 다음은 각 계절에 따라 버드나무를 키우고 관리하기 위한 몇 가지 요령입니다.

봄

양지바른 곳에서 부분적인 그늘까지 들어오는 지역의 배수가 잘 되는 토양에 버드나무를 심습니다.

꺾꽂이로 버드나무를 키우는 경우, 약 4인치 깊이로 곧게 자른 채로 토양에 직접 놓으십시오. 또는 4인치 깊이의 퇴비로 채워진 화분에 심을 수 있습니다. 버드나무는 종종 자체적으로 뿌리를 내리기 때문에 뿌리 호르몬에 담그는 것은 선택 사항입니다.

어린 나무에 정기적으로 물을 주며, 특히 건기에 물을 줍니다. 버드나무가 잘 자라려면 축축한 토양이 필요합니다.

여름

건강한 뿌리 성장을 촉진하기 위해 어린 나무에 정기적으로 깊이 물을 계속 줍니다.

어린 나무를 사슴, 토끼, 엘크와 같은 초식동물로부터 보호하려면 줄기를 묶거나 삼베로 감쌉니다.

가을

날씨가 추워지면 버드나무에 물을 자주 주지 말고 흙을 촉촉하게
유지하십시오.

버드나무 가지치기를 하려면 가을이 가장 좋습니다.

겨울

버드나무는 상대적으로 강건하고 추위를 견딜 수 있지만 겨울철 손상이 우려되는 경우 보호재로 줄기를 감쌀 수 있습니다.

그렇지 않으면 버드나무는 겨울에 특별한 관리가 필요하지 않습니다.

전반적으로 버드나무는 상대적으로 유지 관리가 적고 정원이나 조경에 아름다운 느낌을 더할 수 있습니다.

-조팝나무의 계절별 재배 및 관리방법

일반적으로 Bridal Wreath로 알려진 Spiraea prunifolia var는 봄에 흰색 꽃 무리를 만드는 아름답고 자라기 쉬운 관목입니다. 계절에 따라 재배하고 관리하는 방법은 다음과 같습니다.

봄

신부 화환은 봄에 꽃이 피므로 충분한 햇빛을 받는 것이 중요합니다. 식물은 완전한 태양을 선호하지만 약간의 그늘을 견딜 수 있습니다. 식물이 자리를 잡을 때까지 정기적으로 물을 주되, 너무 많이 물을 주면 뿌리가 썩을 수 있으므로 주의하십시오. 봄에 심는 경우에는 뿌리 공 크기의 2배 크기로 구멍을 파고 뿌리 공을 살살 풀어 배수가 잘 되는 흙에 심습니다. 수분을 유지하기 위해 퇴비 층으로 토양을 덮으십시오.

여름

일단 정착되면 신부 화환은 다소 가뭄에 강하고 많은 유지 관리가 필요하지 않습니다. 덥고 건조한 철에는 가끔 식물에 물을 주어 토양을 촉촉하게 유지하십시오. 관목을 콤팩트하게 유지하려면 꽃이 다 핀 후 여름에 가지치기를 하면 됩니다. 죽거나 병에 걸리거나 손상된 가지를 제거하고 남은 가지의 끝을 잘라내어 덤불이 더 잘 자랄 수 있도록 합니다.

가을

가을에는 신부 화환의 잎이 주황색, 빨간색, 보라색으로 물들어 아름다운 가을 풍경을 선사합니다. 식물은 이 계절에 특별한 관리가 필요하지 않지만 뿌리를 서리로부터 보호하기 위해 관목 바닥 주위에 뿌리 덮개 층을 추가할 수 있습니다.

겨울

신부 화환은 USDA 구역 4-8에서 강건하며 화씨 15도까지 낮은 겨울 온도를 견딜 수 있습니다. 그러나 관목 바닥 주위에 뿌리 덮개

층을 추가하여 혹독한 겨울 바람과 서리로부터 식물을 보호하는 것은 여전히 좋은 생각입니다.

요약하면, 브라이들 리스는 봄에 아름다운 흰 꽃 무리를 만들어 내는 상대적으로 관리가 덜 필요한 관목입니다. 그것은 완전한 태양을 선호하지만 약간의 그늘과 배수가 잘되는 토양을 견딜 수 있습니다. 식물이 자리를 잡을 때까지 정기적으로 물을 주고 여름에는 가지치기를 하여 덤불이 더 잘 자랄 수 있도록 하고 혹독한 겨울 조건으로부터 보호합니다. 적절한 관리를 통해 신부 화환은 앞으로 몇 년 동안 번창해야 합니다.

-배롱나무의 계절별 재배 및 관리방법

일반적으로 배롱나무로 알려진 Lagerstroemia indica는 다양한 기후에서 자랄 수 있는 아름다운 꽃이 피는 나무입니다. 다음은 각 계절에 배롱나무를 키우고 돌보기 위한 몇 가지 요령입니다.

봄

이른 봄에 배롱나무를 가지치기하여 죽거나 손상된 가지를 제거하고 나무 모양을 만듭니다.

천천히 방출되는 비료로 비료를 주면 건강한 성장과 풍성한 꽃을 피울 수 있습니다.

나무가 자라기 시작하면서 여분의 물이 필요하기 때문에 강우량이 없으면 일주일에 한 번 배롱나무에 깊이 물을 줍니다.

여름

무더운 여름철에는 배롱나무에 주시하십시오. 가뭄 스트레스에 취약합니다. 필요한 경우 일주일에 한 번 이상 깊이 물을 줍니다.

진딧물 및 거미 진드기와 같은 일반적인 배롱나무 해충을 주시하고 필요한 경우 즉시 방제처리하십시오.

가을

배롱나무는 아름다운 단풍을 연출할 수 있으니 쇼를 즐겨보세요!

근래에 와서 자엽배롱나무들이 많이 개발되어 출시되고 있습니다.

나무가 겨울을 준비하는 동안 여전히 물이 필요하므로 배롱나무에 일주일에 한 번 깊이 물을 계속 줍니다.

겨울

배롱나무는 추운 온도를 견딜 수 없는 약한 나무이지만 겨울을 견딜 수 있도록 나무를 삼베나 다른 보호 재료로 덮는 것을 고려하십시오.

근래에는 내한성이 좋은 수종들이 개발되어 유통되고 있습니다.

겨울에는 배롱나무의 가지치기를 하지 마십시오. 나무에 손상을 줄 수 있습니다.

겨울에도 나무는 여전히 물을 필요로 하므로 비가 내리지 않으면 배롱나무에 주기적으로 물을 계속 줍니다.

전반적으로 배롱나무는 상대적으로 키우고 관리하기 쉽고 풍경에 아름다운 색상을 더할 수 있습니다. 나무에 물, 비료, 햇빛을 충분히 주면 잘 자랄 것입니다!

-

-매자나무 계절별 재배 및 관리방법

매자나무라고도 알려진 Berberis koreana는 가뭄에 강하고 다양한 조건에서 자라는 낙엽 관목입니다. 다음은 각 계절에 매자나무를 키우고 관리하는 방법에 대한 몇 가지 팁입니다.

봄

양지바른 곳에서 반그늘까지 양지바른 곳, 배수가 잘 되는 토양에
매자나무를 심습니다.

키가 8~12인치가 될 때까지 균일한 수분을 유지하기 위해 관목에
정기적으로 물을 줍니다.

여름

매자나무는 여름철에 많은 관리가 필요하지 않습니다. 관목에 정기적으로 물을 주되 축축하거나 축축한 토양을 좋아하지 않으므로 너무 물을 주지 않도록 주의하십시오.

매자나무는 개화가 끝난 후 관목 모양을 만들고 죽은 가지나 손상된 가지를 제거하기 위해 가지치기.

매자나무를 번식시키기 위해 이른 봄에 줄기를 꺾거나 한여름에 반활엽수를 꺾습니다.

가을

매자나무는 단풍이 좋으며 잎과 가지가 빨강, 주황 및 노란색으로 변합니다.

건강한 성장을 촉진하기 위해 가을에 매자나무에 균형 잡힌 비료를 시비하십시오.

겨울

매자나무는 내한성이 강하며 동결 온도를 견딜 수 있습니다.

뿌리가 얼어붙는 온도로부터 보호하기 위해 마른잎이나 짚으로 덮어주시면 좋습니다.

매자나무는 대표적인 겨울 조경수로서 화려한 색의 가지를 가지고 있습니다.

모든 식물이 잠을 잘 때 매자나무가지의 화려한 색의 그 빛을 비로소 겨울에 발휘합니다.

전반적으로 매자나무는 다양한 조건에서 자라기 쉬운 유지 관리가 적은 관목입니다. 배수가 잘 되는 토양에 심고 정기적으로 물을 주는 것이 중요하지만 너무 물을 주지는 않습니다. 꽃이 진 후에 가지치기를 하고, 가지를 잘라 번식시키고, 가을에 비료를 주고, 겨울에는 뿌리가 어는 온도로부터 뿌리를 보호하기 위해 관목 밑동 주위에 뿌리 덮개를 씌웁니다.

-부록

-식물집사 꿀팁

- 토양 성분 분석하는 방법

빨간 양배추로 토양 pH를 측정하는 방법은 다음과 같습니다. 빨간 양배추를 잘게 갈아서 물에 담근 후 30분 정도 끓여서 색깔이 진하게 나올 때까지 기다립니다. 그런 다음 걸러서 양배추 물을 따로 보관합니다. 토양 샘플을 준비하고 양배추 물을 넣어 섞으면 토양의 산성도에 따라 색깔이 변합니다. 토양이 산성이면 분홍색이 되고 염기성이면 파란색이 됩니다.

식초와 베이킹 소다로 토양 pH를 측정하는 방법은 다음과 같습니다. 토양 샘플을 준비하고 작은 구멍을 5개 팝니다. 첫 번째 구멍에는 식초를 부어보고 토양이 거품을 내는지 관찰합니다. 만약 거품이 나면 토양은 염기성입니다. 두 번째 구멍에는 베이킹 소다와 물을 섞은 용액을 부어보고 토양이 거품을 내는지 관찰합니다. 만약 거품이 나면 토양은 산성입니다. 세 번째부터 다섯 번째 구멍에는 식초와 베이킹 소다를 각각 반씩 넣어보고 토양의 반응을 비교합니다.

하지만 이러한 방법들은 정확하지 않고 대략적인 참고용일 뿐입니다. 가장 정확하고 신뢰할 수 있는 방법은 pH 테스트 세트나 pH 측정기를 사용하는 것입니다.

구연산은 산성 세제로서 토양에 뿌리면 토양의 pH를 낮추어 산성 토양을 만들 수 있습니다. 산성 토양을 좋아하는 작물로는 블루베리, 장미, 아저씨 등이 있습니다. 하지만 구연산을 사용할 때는 다음과 같은 점들을 주의해야 합니다.

구연산은 비료가 아니므로 토양에 양분을 공급하지 않습니다. 따라서 구연산과 함께 적절한 비료를 주어야 합니다.

구연산은 희석해서 사용해야 합니다. 너무 진하게 사용하면 식물의 뿌리를 손상시킬 수 있습니다. 일반적으로는 물 1리터에 구연산 1 스푼 정도가 적당합니다.

구연산은 토양의 pH를 일시적으로 낮추는 효과가 있지만 오래 지속되지 않습니다. 토양의 완충작용이나 세척작용으로 인해 pH가 다시 올라갈 수 있으므로 주기적으로 관리해야 합니다.

구연산은 알칼리성 토양에만 사용하고 중성이나 산성인 토양에는 사용하지 마세요. 각 작물마다 생육에 적합한 pH 범위가 있으므로 그것을 확인하고 조절하세요.

- 파란 수국 꽃 만드는 방법

파란색 수국을 피우기 위해서는 토양의 pH를 5.5 이하로 낮춰야 합니다. 구연산은 물 1리터에 1스푼 정도가 적당하다고 합니다. 따라서 100평의 땅에 구연산을 뿌리려면 물 1000리터에 구연산 1000스푼이 필요할 것 같습니다. 하지만 이런 방식으로 한 번에 많은 양의 구연산을 뿌리면 식물이 손상될 수 있으므로 점진적으로 관수하는 것이 좋습니다. 또한 구연산만으로는 파란색 수국을 만들기 어렵습니다. 알루미늄 성분과 햇빛도 필요합니다. 알루미늄 성분은 명반 등을 사용할 수 있고, 햇빛은 꽃봉우리가 보일 때부터 줄여야 합니다.

명반은 수국의 줄기에 묻히는 것이 아니라 물에 풀어서 관수하는 것이 좋습니다. 물 2리터에 명반 2숟가락 정도가 적당하다고 합니다. 따라서 100평의 땅에 명반을 주려면 물 2000리터에 명반 2000숟가락이 필요할 것 같습니다. 하지만 명반은 염분이 함유되어 있어 어린 수국에게는 독이 될 수 있으므로 주의해야 합니다. 명반은 꽃봉우리가 보일 때부터 한 달 동안 5번 정도 주면 됩니다.

수국은 아름다운 꽃을 피우는 식물입니다. 수국에 비료를 주려면 주로 3월, 5월과 6월에 가볍게 주는 것이 좋습니다. 비료의 종류는 미네랄, 유기 또는 유기농 미네랄 중에서 선택할 수 있습니다. 장미 전용 비료인 로즈톤도 사용할 수 있습니다. 비료를 주기 전에 흙의 상태와 수분량을 확인해주세요.

- 산성토양을 중성 또는 알칼리성으로 만드는 방법

계란껍질을 잘게 부숴서 흙에 섞어주는 것입니다. 이렇게 하면 토양의 산성화를 막아주고 식물에 칼슘을 공급해줍니다. 다른 방법으로는 계란껍질을 물에 담가서 거름을 만들거나, 계란껍질과 커피 찌꺼기를 섞어서 건조시키는 것도 있습니다

계란껍질을 잘게 부숴서 흙에 섞어주는 방법: 계란껍질을 깨끗이 씻어서 물기를 제거한 후에 믹서기나 커피 분쇄기로 잘게 갈아줍니다. 그런 다음 흙에 1:10 정도의 비율로 섞어주면 됩니다. 이렇게 하면 식물의 성장을 돕고 병충해를 예방할 수 있습니다.

계란껍질을 물에 담가서 거름을 만드는 방법: 계란껍질을 깨끗이 씻어서 물기를 제거한 후에 2리터 정도의 물에 넣고 3~4일 정도 방치합니다. 그런 다음 거름망으로 걸러내면 완성입니다. 이 거름

은 식물에 직접 뿌려주거나 흙에 주입할 수 있습니다. 계란껍질과 커피 찌꺼기를 섞어서 비료를 만드는 방법: 계란껍질과 커피 찌꺼기를 1:1 정도의 비율로 섞어줍니다. 그런 다음 전자렌지나 오븐에서 완전히 건조시킵니다. 그리고 믹서기나 커피 분쇄기로 잘게 갈아줍니다. 이 비료는 흙에 바로 넣거나 거름으로 만들 수 있습니다.

- 철,마그네슘비료 만드는 방법

바나나 껍질로 비료를 만드는 방법은 두 가지가 있습니다. 첫 번째는 바나나 껍질을 썰거나 통째로 물에 삶아서 희석한 액비를 만드는 것입니다. 두 번째는 바나나 껍질을 잘게 썰어서 말리고 가루로 만든 후 흙에 섞어주는 것입니다. 바나나 껍질 비료에는 칼슘, 철, 마그네슘과 같은 다른 영양소와 함께 42%의 칼륨과 3%의 인이 포함되어 있습니다. 이것은 식물 성장에 매우 효율적입니다. 바나나 껍질 비료는 잎이 풍성하고 건강하게 자라는 식물에 좋습니다

- 식물곰팡이 없애는 방법

베이킹소다로 식물에게 할 수 있는 것은 다음과 같습니다. 첫째, 곰팡이나 질병을 예방하거나 치료할 수 있습니다. 물에 베이킹소다를 풀어 잎에 뿌려주면 효과적입니다. 둘째, 벌레나 해충을 쫓아낼 수 있습니다. 베이킹소다와 비눗물을 섞어 식물에 분사하면 자연스러운 살충제가 됩니다. 셋째, 식물의 성장을 돕고 꽃말이를 풍성하게 할 수 있습니다. 베이킹소다와 화분 흙을 섞어주면 식물의 영양분 공급에 도움이 됩니다.

- 천연벌레 기피제 만드는 방법

계피가루와 소독용 에탄올을 1:10의 비율로 섞어 용기에 담습니다

. 용기는 깨끗하고 뚜껑이 잘 닫히는 것을 사용합니다.

용기에 뚜껑을 닫고 흔들어 섞은 후 어두운 곳에 보관합니다. 이때 주기적으로 흔들어주면 좋습니다.

2주간 숙성시킨 후 천이나 거름망을 이용해 용액을 걸러줍니다. 걸러낸 용액은 분무병에 넣어 보관합니다.

계피가루로 벌레 기피제를 사용하는 방법은 다음과 같습니다.

벌레가 많이 다니는 곳이나 식물에 분사하면 효과적입니다 . 예를 들어 창문이나 문턱, 싱크대 주변, 화분 등에 사용할 수 있습니다.

분사할 때는 사람이나 동물의 눈과 입에 들어가지 않도록 주의해야 합니다.

계피가루로 만든 기피제는 모기, 개미, 거미 등의 작은 벌레들에게 효과적입니다 . 하지만 큰 벌레나 쥐 등에게는 효과가 없을 수 있습니다.

은행껍질을 고운 망에 담고 무거운 돌로 눌러줍니다1. 은행껍질은 마르지 않은 생재이므로 1kg 당 물 5리터를 넣습니다.

압력솥에 넣고 30분간 가열합니다1. 압력솥을 사용하지 않을 경우 냄비에 넣고 2시간 이상 삶아줍니다.

삶아진 용액을 거르고 분무병에 넣어 보관합니다.

은행으로 만든 벌레 기피제를 사용하는 방법은 다음과 같습니다.

은행 특유의 냄새 때문에 벌레가 싫어합니다.

벌레가 많이 다니는 곳이나 식물에 분사하면 효과적입니다.

분사할 때는 사람이나 동물의 눈과 입에 들어가지 않도록 주의해야 합니다.

은행으로 만든 기피제는 모기, 개미, 거미 등의 작은 벌레들에게 효과적입니다 . 하지만 큰 벌레나 쥐 등에게는 효과가 없을 수 있습니다.

- 천연 식물 영양제 만드는 방법

쌀을 씻은 물을 페트병에 담습니다12. 1.5L 정도가 적당합니다.

설탕 반 컵, 우유나 요구르트 한 스푼, 소금 반 스푼을 넣고 잘 섞어 줍니다3. 소금은 미네랄 보충을 위해 넣습니다.

병에 공기가 들어갈 수 있도록 뚜껑을 약간 열어줍니다. 발효를 위해 따뜻하고 어두운 곳에 보관합니다.

3~4일 정도 지나면 발효가 완료됩니다. 발효된 쌀뜨물 영양제는 냉장보관하거나 바로 사용합니다.

쌀뜨물로 만든 식물 영양제의 영양성분은 다음과 같습니다.

쌀에서 수용성으로 녹아 나온 비타민 B1과 B2가 식물의 거름 역할을 합니다.

쌀뜨물에는 섬유질과 탄수화물, 단백질, 무기질이 많이 들어 있습니다.

쌀뜨물에는 인 성분도 포함되어 있어 천연 인 비료로 사용할 수 있습니다.

발효미생물이 흙에 유기물을 풍성하게 하고 식물의 뿌리를 튼튼하게 해줍니다.

쌀뜨물로 만든 식물 영양제를 사용할 때는 다음 사항들을 주의해야 합니다.

분사할 때는 사람이나 동물의 눈과 입에 들어가지 않도록 해야 합니다.

통풍이 잘 안 되는 장소에서는 벌레가 생길 수 있으므로 주기적으로 환기시켜야 합니다.

- 부엽토 만드는 방법

부엽토는 낙엽을 발효시켜 만든 천연 퇴비입니다. 부엽토에 적합한 낙엽은 느티나무, 너도밤나무, 상수리나무 등의 광엽수의 잎입니다. 소나무 등의 침엽수는 살균성분을 함유하고 있어 부적합합니다.

낙엽을 30~40cm 높이로 쌓고 과린산 석회와 쌀겨를 뿌려줍니다. 과린산 석회는 pH 조절과 탈취를 위해 사용하고, 쌀겨는 발효에 필요한 당분을 공급합니다.

인분을 뿌리고 충분히 물을 뿌려줍니다. 인분은 발효에 도움이 되는 효소를 생성하는 미생물의 번식을 촉진합니다.

밟아서 다져주고 비닐시트로 덮어줍니다. 비닐시트는 수분과 온도를 유지하고 외부로부터 오염되지 않게 해줍니다.

6개월 정도 지나면 부엽토가 완성됩니다.

부엽토에는 유기질이 많이 함유되어 있어 흙의 구조와 통기성을 개선하고 수분 보유력을 높여줍니다.

부엽토에는 질소, 인산, 칼륨 등의 주요 양분과 철, 구리, 아연 등의 중금속이 포함되어 있어 식물의 성장과 건강에 도움이 됩니다.

부엽토에는 흙에서 생명력을 주는 토착미생물들이 많이 살아있습니다. 이들은 식물의 병충해 예방과 저항력 강화에 기여합니다.

● 개미 퇴지하는 방법

식초와 물을 1:1로 섞어 분무기에 넣고 개미떼에 뿌리세요. 식초는 개미가 싫어하는 냄새이기 때문에 효과적입니다.

붕산과 설탕과 물을 1:1:1 비율로 섞어서 녹인 후 개미가 잘 다니는 길에 그릇에 넣으세요. 붕산을 먹은 개미는 죽게 됩니다.

굵은 소금을 개미가 다니는 길이나 구멍에 넣으세요. 소금은 개미의 몸에서 수분을 빼앗아 죽게 합니다.

또한, 밭의 환경을 관리하여 개미가 들어오지 않도록 예방하는 것도 중요합니다.

밭의 잡초를 자주 제거하고 흙을 일정하게 유지하세요. 잡초나 흙더미는 개미의 서식지가 될 수 있습니다.

밭 주변에 진딧물이나 벌레 등의 해충이 없도록 하세요. 해충들은 개미의 먹이가 되므로 개미를 유혹합니다.

밭 주변에 달걀껍질이나 커피 찌꺼기 등의 자연적인 방제제를 사용하세요. 이들은 개미가 싫어하는 냄새를 내서 퇴치할 수 있습니다.

● 진딧물 없에는 방법

계란노른자와 식용유, 천연비누를 믹서에 넣고 섞은 후 물로 희석하여 살포하면 진딧물이 없어집니다.

은행나무잎을 믹서에 갈아서 즙을 낸 후 회석하여 살포하면 진딧물이 퇴치됩니다.

계피가루와 원두 커피 가루를 알코올에 넣고 거르면 계피스프레이가 됩니다.

- 한약찌꺼기 재활용 방법

한약찌꺼기 2포대와 EM발효액 500ml을 김장 비닐에 넣고 잘 섞은 후 케이블 타이로 단단히 묶습니다. 그리고 그늘진 곳에 두고 2~3개월 정도 발효시킵니다.

물 25말과 에프엠 골드 1병, 소주 2홉 6병을 혼합하여 둡니다. 이 액체를 진하게 엽면시비하고, 3일 후에 에프엠 골드를 물 30말에 1병 희석하여 단용으로 엽면시비합니다.

한약찌꺼기로 만든 천연 비료의 성분은 다음과 같습니다.

한약찌꺼기는 식물성 유기물질로서 질소, 인산, 칼륨 등의 영양소와 효소, 아미노산 등을 함유하고 있습니다.

EM발효액은 유익균으로 이루어진 발효제로서 토양의 환경을 개선하고 병충해를 예방하는 역할을 합니다.

에프엠 골드는 EM발효액과 유사한 제품으로서 식물의 생장을 촉진하고 병충해를 방지하는 효능이 있습니다.

- 빗물이 식물에게 주는 선물

빗물은 공기 중의 이산화탄소와 질소를 함유하고 있어서 식물의 탄소와 질소 공급에 도움이 됩니다. 탄소와 질소는 식물의 핵심 구성 요소로서 광합성과 단백질 합성에 필요합니다.

빗물은 토양에서 용해되지 않은 영양분들을 용해시켜 식물의 흡수를 촉진합니다. 토양에서 용해되지 않은 영양분들은 철, 망간, 붕소, 아연, 구리, 몰리브덴 등으로 이루어져 있습니다. 이들은 식물의 대사 촉매나 조절제로서 작용합니다.

빗물은 토양의 pH를 낮추어 산성화시킵니다. 산성화된 토양에서는 일부 영양분들이 더 잘 용해되고 흡수됩니다. 예를 들어 철과 망간은 산성 토양에서 더 잘 용해되고 식물에게 필요한 양이 늘어납니다.

하지만 빗물에는 중금속이나 오염물질도 함유될 수 있으므로 주의가 필요합니다. 가정용 빗물정원을 이용하면 지붕빗물 내 영양소 및 중금속을 제거할 수 있습니다.

또한 비닐하우스에서 내려오는 빗물을 저장해서 사용할수도 있습니다.

● 씨앗 발아의 차이점

암발아와 광발아가 있습니다. 대부분의 씨앗은 어두운 환경에서 발아하는 것을 선호하지만 특정 꽃 피는 식물을 포함한 일부 식물 종

은 발아를 시작하기 위해 최소한 약간의 빛이 필요합니다. 다양한 식물 종은 최적의 종자 발아를 위해 다양한 빛 조건을 요구하도록 진화했습니다.

씨앗이 빛에서 발아되면 어둠 속에서 발아된 씨앗과 구별되는 특정 특성을 나타냅니다. 밝은 곳에서 자란 식물은 과도한 증산을 방지하기 위해 더 두꺼운 큐티클을 발달시키는 반면, 어두운 곳에서 자란 식물은 상대적으로 더 얇은 큐티클을 가집니다. 또한 빛 속에서 자란 식물은 팰리세이드 층에 2~3개의 세포층이 있는 반면, 어둠 속에서 자란 식물은 일반적으로 팰리세이드 층에 단 하나의 세포층이 있습니다

줄기 신장은 밝은 발아 종자와 어두운 발아 종자의 또 다른 주목할 만한 차이점입니다. 빛이 있으면 호르몬이 생성되어 줄기 끝에서 줄기 아래로 보내져 줄기 신장이 느려집니다. 어둠 속에서 이러한 호르몬은 줄기 신장을 늦추지 않아 줄기가 더 빠르고 길게 자랍니다[2]. 어두운 곳에서 발아한 씨앗은 지질, 단백질, 탄수화물과 같은 세포 내에 저장된 화학 에너지에 의존하여 성장을 촉진합니다

요약하면 발아가 밝은 종자와 어두운 발아 종자의 주요 차이점은 발아 중 빛의 조건입니다. 발아가 빠른 종자는 벼랑 층에서 더 두꺼운 큐티클과 더 많은 세포층을 발달시키고 줄기 신장은 호르몬에 의해 느려집니다. 대조적으로 발아가 어두운 종자는 큐티클이 더 얇고 벼랑 층의 세포층이 적으며 광 유도 호르몬이 없기 때문에 줄기 신장이 더 빠릅니다. 다양한 식물 종은 최적의 종자 발아를 위해 특정 조명 조건을 요구하도록 진화했습니다.

- 삽목하는방법

삽목이란 식물체의 일부를 잘라 배양토에 꽂은 뒤 절단 부위에서 새로운 뿌리를 발생시키는 방법입니다

삽수를 준비합니다. 삽수는 식물의 가지나 줄기를 말하며, 건강하고 병충해가 없는 것을 골라야 합니다. 삽수의 길이는 10~20cm 정도로 하고, 절단면은 날카로운 칼로 깔끔하게 잘라야 합니다.

삽목용 흙을 준비합니다. 삽목용 흙은 수분을 잘 머금으면서도 물이 잘 빠지고, 통기성이 좋아야 합니다. 흙에 모래나 펄라이트 등을 섞어주면 좋습니다.

삽수를 흙에 꽂습니다. 삽수의 절단면에 발근제를 바르거나 물에 담가주면 도움이 됩니다. 삽수를 직접 모판에 꽂거나 안내봉으로 구멍을 뚫고 꽂거나 흙 전체를 물로 이기고 이긴 부분 밑에 꽂는 방법 등이 있습니다.

습도와 온도를 관리합니다. 삽목한 식물은 습도가 높고 어두운 곳에서 관리해야 합니다. 비닐 등으로 식물을 감싸주거나 스프레이로 수분을 공급해줍니다. 온도는 20~25℃ 정도가 좋으며, 너무 낮거나 높으면 안됩니다.

삽목을 하면 다음과 같은 잇점이 있습니다.

원하는 시기에 번식할 수 있습니다. 대부분의 식물들은 일정한 계절에만 번식할 수 있지만, 삽목은 그런 제약이 없습니다.

원본과 동일한 유전적 특성을 가집니다. 종자 번식은 유전적 변이가 일어날 수 있지만, 삽목은 원본과 같은 모습과 성질을 유지합니다.

병원체 전파 위험이 낮습니다. 종자 번식은 병원체가 종자와 함께 전파될 수 있지만, 삽목은 건강한 부위만 사용하기 때문에 그런 위험이 낮습니다.

비용과 시간이 절약됩니다. 종자 번식보다 간단하고 실속있는 방법입니다.

생육력이 강합니다. 종자 번식보다 생존율과 생장률이 높습니다.

- 취목하는방법

취목이란 식물의 가지나 줄기를 땅에 구부려 상처를 주고 흙을 묻어 발근시키거나 가지나 줄기 부분에 칼로 환상박피를 하고 진흙과 수태를 이용하여 발근시키는 방법입니다.

취수를 준비합니다. 취수는 식물의 가지나 줄기를 말하며, 건강하고 병충해가 없는 것을 골라야 합니다. 취수의 길이는 30~50cm 정도로 하고, 지름은 1~2cm 정도로 합니다.

취수에 상처를 줍니다. 취수의 한쪽 끝을 날카로운 칼로 깔끔하게 잘라내고, 다른 한쪽 끝은 환상박피를 하거나 휘묻이 방법을 사용합니다. 환상박피란 가지나 줄기의 표면을 일정한 너비와 길이만큼 벗겨내는 것이며, 휘묻이란 가지나 줄기를 땅까지 구부려 상처를 주는 것입니다.

취수에 발근제와 수태를 바릅니다. 발근제는 식물의 뿌리가 잘 나오도록 도와주는 약제입니다. 수태는 진흙과 비닐 등으로 만든 포장재입니다. 발근제와 수태가 없으면 생산량과 생육률이 낮아집니다.

취수를 흙에 꽂습니다. 환상박피한 부위가 흙속으로 들어가도록 깊게 꽂아야 합니다. 휘묻이한 부위는 흙을 덮어주어야 합니다.

습도와 온도를 관리합니다. 취목한 식물은 습도가 높고 어두운 곳에서 관리해야 합니다. 비닐 등으로 식물을 감싸주거나 스프레이로 수분을 공급해줍니다. 온도는 20~25℃ 정도가 좋으며, 너무 낮거나 높으면 안됩니다.

취목을 하면 다음과 같은 잇점이 있습니다.

원하는 시기에 번식할 수 있습니다. 대부분의 식물들은 일정한 계절에만 번식할 수 있지만, 취목은 그런 제약이 없습니다.

원본과 동일한 유전적 특성을 가집니다. 종자 번식은 유전적 변이가 일어날 수 있지만, 취목은 원본과 같은 모습과 성질을 유지합니다.

병원체 전파 위험이 낮습니다. 종자 번식은 병원체가 종자와 함께 전파될 수 있지만, 취목은 건강한 부위만 사용하기 때문에 그런 위험이 낮습니다[1].

비용과 시간이 절약됩니다. 종자 번식보다 간단하고 실속있는 방법입니다.

- 나무심기

봄과 가을 모두에 나무를 심는 것은 장점이 있으며 심기에 가장 좋은 시기를 선택하는 것은 지역과 특정 나무 종에 따라 크게 달라집니다.

봄에 나무를 심는 이유는 겨울 동안 얼어있던 땅이 녹아 토양으로부터 수분과 영양분을 공급받기 좋은 계절이기 때문입니다. 가을에 나무를 심는 이유는 잎이 떨어지고 수액 이동이 적어져서 새순이 트는 시기에 수분 요구도가 낮아지기 때문입니다.

봄 심기:

봄은 나무를 포함한 많은 식물이 휴면 상태에서 깨어나 새로운 성장 주기를 시작하는 시기입니다. 봄에 나무를 심으면 이러한 자연적인 성장 급증을 이용할 수 있어 더 빠른 정착으로 이어질 수 있습니다

봄은 일반적으로 기온이 온화하고 강우량이 일정하여 어린 나무에 좋은 환경을 제공합니다. 이렇게 하면 토양을 촉촉하게 유지하고 뿌리가 더 쉽게 자랄 수 있습니다.

묘목의 가용성: 묘목에는 종종 봄에 이용할 수 있는 수종의 종류가 더 많아 조경을 위한 나무를 선택할 때 선택할 수 있는 더 많은 옵션이 있습니다.

가을 심기:

나무에 가해지는 스트레스 감소: 가을에 심은 나무는 새 잎과 새 뿌리가 동시에 자랄 필요가 없기 때문에 나무에 가해지는 압력이 적습니다. 가을에 나무는 뿌리 발달에 집중할 수 있으며 이는 미래 성장을 위한 강력한 기반을 구축하는 데 도움이 됩니다.

가을의 서늘한 기온은 새로 심은 나무에 대한 열 스트레스의 위험을 줄여 나무가 더 효과적으로 자랄 수 있도록 합니다. 더 시원한 날씨는 또한 증발이 적어 토양을 촉촉하게 유지하고 뿌리 성장을 촉진하는 데 도움이 됩니다.

휴면 준비: 가을에 나무를 심으면 겨울에 휴면하기 전에 강한 뿌리 시스템을 개발할 수 있습니다. 봄에 휴면 상태에서 깨어날 때 새로

운 성장을 지원하기 위해 이미 잘 확립된 뿌리 시스템을 갖추고 있으므로 이를 통해 더 유리한 출발을 할 수 있습니다.

나무를 심기에 가장 좋은 시기는 지역과 특정 수종에 따라 다를 수 있다는 점에 유의하는 것이 중요합니다. 일부 지역에서는 겨울 동안 땅이 얼어서 새로 심은 나무가 충분한 물을 공급받지 못해 고사할 가능성이 있습니다. 나무를 심을 시기를 결정할 때 항상 해당 지역의 나무 종의 특정 요구 사항과 기후를 고려하십시오.

- 식물별 시비하는 시기

식물의 종류에 따라 비료를 주는 시기가 다릅니다. 다음은 각 식물별로 비료를 주는 시기와 방법입니다.

유실수: 7월경에 복합비료로 2차 웃거름을 주고, 사과나 배 등은 11월 하순부터 3월 중순 사이에 주세요.

침엽수: 봄에 새싹이 트기 전에 고형비료를 흙 위에 뿌려주고, 가을에 잎이 떨어지기 전에 액체비료를 엽면시비하세요.

관엽수: 봄과 가을에 고형비료를 흙 위에 뿌려주고, 여름과 겨울에

액체비료를 엽면시비하세요.

조경수: 봄과 가을에 고형비료를 흙 위에 뿌려주고, 여름과 겨울에 액체비료를 엽면시비하세요.

꽃나무: 꽃이 피는 시기가 다르므로 꽃이 줄기나 가지에 붙어있는 상태일 때 비료를 주지 마세요. 꽃이 지나고 새싹이 나올 때 고형비료를 흙 위에 뿌려주고, 잎이 많아질 때 액체비료를 엽면시비하세요.

- 식물별 전정하는 시기

유실수·침엽수,관엽수,조경수,꽃나무별로 전정 시기는 다음과 같습니다.

유실수: 과실이 있는 나무로 복숭아, 사과, 대추, 자두 등이 있습니

다. 유실수의 전정 시기는 종류에 따라 다르지만 일반적으로 3월~4월에 실을 맺기 전에 하는 것이 좋습니다.

침엽수: 잎이 떨어지는 나무로 소나무, 은행나무, 단풍나무 등이 있습니다. 침엽수의 전정 시기는 가을~겨울에 잎이 떨어진 후부터 새 잎이 트기 전까지 입니다.

관엽수: 관엽 식물은 과도하게 자란 징후가 보이거나 모양을 잡아야 할 때 가지치기를 해야 합니다. 가지치기 요구 사항이 다를 수 있으므로 관엽 식물의 특정 요구 사항을 조사하는 것이 중요합니다.

조경수: 정원을 꾸미거나 풍경을 만들기 위한 나무로 소나무, 당달

나무, 산국 등이 있습니다. 조경수의 전정 시기는 종류와 용도에 따라 다르지만 일반적으로 가을~겨울에 하는 것이 좋습니다.

전정은 나무의 건강과 생장을 위해 필요한 작업입니다. 하지만 너무 많거나 잘못하면 오히려 해를 줄 수 있으니 주의해야 합니다.

- 과일에 남은 잔류농약 제거하는법

흐르는 물에 3회 이상 씻기: 가장 간단하고 효과적인 방법입니다. 과일 껍질에 남아 있는 농약을 대부분 제거할 수 있습니다.

식초와 물을 혼합해 씻기: 식초와 물을 1:10의 비율로 혼합해 과일을 담가두었다가 헹구면 농약뿐만 아니라 세균도 제거할 수 있습니다.

양조식초와 볶은 소금을 탄 물에 담그기: 양조식초와 볶은 소금을 탄 물에 과일을 10분 정도 담갔다가 3~4회 헹구면 농약을 최대한 없앨 수 있다고 합니다.

중성세제를 푼 물에 담그기: 중성세제를 푼 물에 과일을 1분 정도 담갔다가 흐르는 물에 30초 정도 세척하면 잔류농약의 절반 이상을 제거할 수 있다고 합니다.

구연산이나 베이킹소다를 사용하기: 구연산이나 베이킹소다는 알
카리성이 강해서 잔류농약의 분해를 돕습니다. 구연산이나 베이킹
소다를 약간 넣은 물에 과일을 살짝 비벼주면 좋습니다

- ● 정원 꾸미기 10단계

- 정원의 목적과 스타일을 결정하기: 정원을 만들기 전에 어떤 용도
와 분위기로 정원을 꾸미고 싶은지 생각해보는 것이 중요합니다.
예를 들어 휴식과 힐링을 위한 정원이라면 조용하고 아늑한 공간을
만들어야 하고, 취미와 즐거움을 위한 정원이라면 다양하고 화려
한 식물들을 키우는 것이 좋습니다.

- 식물에 물 주기: 식물에 물 주는 것은 정원 가꾸기의 기본입니다. 너무 많이 주거나 너무 적게 주면 식물의 성장에 영향을 줄 수 있으니 적절한 양과 시간을 고려해야 합니다. 또한 종이컵에 구멍을 내서 물을 담아주면 흙이 씻겨내리지 않고 뿌리에 직접 물이 닿게 할 수 있습니다.

- 스케줄 관리하기: 정원 가꾸기는 일회성 작업이 아니라 지속적인 관리가 필요합니다. 따라서 자신의 정원의 규모, 시설, 식물 종류와 숫자 등에 따라 매일 해야 하는 작업과 주기적으로 해야 하는 작업을 구분하고 계획적으로 수행하는 것이 좋습니다.

- 잡초 제거하기: 잡초는 정원의 아름다움과 건강을 해치는 요소입니다. 잡초가 자라지 않도록 방지하는 방법은 여러 가지가 있지만, 가장 간단하고 친환경적인 방법은 손으로 직접 뽑아내는 것입니다. 잡초를 제거할 때는 뿌리까지 제대로 뽑아내야 재발하지 않습니다.

- 병충해 예방 및 치료하기: 병충해는 식물의 생명력과 생산성을 저하시키고 전염되어 다른 식물들도 위협할 수 있습니다. 병충해를 예방하기 위해서는 적절한 배식과 관수, 비료주기 등의 기본 관리를 철저히 해야 하며, 발생하면 바로 치료해야 합니다. 치료 방법은 병충해의 종류와 원인에 따라 다르므로 상황에 맞게 선택해야 합니다.

- 비료주기: 비료는 식물의 성장과 꽃맺음에 필수적인 영양분입니다. 비료를 주는 시기와 양은 식물의 종류와 상태에 따라 달라질 수 있으므로 참고자료나 전문가의 조언을 받아서 결정하는 것이 좋습니다. 비료를 너무 많이 주면 역효과가 나올 수 있으니 주의해야 합니다.

-절단 및 가지치기: 절단 및 가지치기는 식물의 모양과 크기를 조절하고 건강하게 유지하는 방법입니다. 절단은 꽃이 지거나 잎이 노랗게 변한 경우에 하면 좋으며, 가지치기는 식물의 생육 시즌에 맞춰서 하면 좋습니다. 절단 및 가지치기를 할 때는 깨끗하고 날카로운 도구를 사용하고 상처부위를 소독해야 합니다.

-심기 및 이식: 필요한 경우 새 식물을 심고 기존 식물을 이식하여 정원의 공간, 빛 및 자원 사용을 최적화합니다.

-정원의 청소와 정리: 정원의 청소와 정리는 정원의 아름다움과 안전을 위해 필요한 작업입니다. 쓰레기나 낙엽, 잘린 가지 등을 주기적으로 치우고, 흙이나 모래 등을 적절히 분배하고, 잔디나 길가에 있는 식물들을 잘 관리해야 합니다. 또한 정원에 있는 시설물이나 도구들도 깨끗하게 닦아주고 보관해야 합니다.

-정원의 변화와 개선: 정원은 살아있는 공간이므로 시간이 지남에 따라 변화하게 됩니다. 그러므로 자신의 정원을 자주 관찰하고 평가하여 필요한 부분을 개선하는 것이 좋습니다. 예를 들어 식물들의 생육 상태나 색깔, 높낮이 등을 확인하여 배식을 바꾸거나 추가할 수 있으며, 계절별로 다른 꽃들을 심거나 제거할 수 있습니다. 또한 정원에 색깔이나 향기, 소리 등을 더해주는 요소들을 추가하여 분위기를 바꿀 수도 있습니다.

- 춘근과 추근의 차이

춘근과 추근은 식물의 뿌리 중에서도 특별한 종류입니다. 춘근은 봄에 싹이 나고, 추근은 가을에 싹이 나는 것을 말합니다.

춘근은 일반적으로 2년생 식물이고2, 추근은 일반적으로 1년생 식물입니다.

춘근은 겨울에 씨를 뿌려서 봄에 싹이 나고2, 추근은 여름에 씨를 뿌려서 가을에 싹이 납니다.

춘근은 온도가 낮아지면 생장이 멈추고4, 추근은 온도가 낮아져도 생장이 계속됩니다.

춘근은 꽃과 열매를 내기 위해 꽃대를 만들어야 하고4, 추근은 꽃과 열매를 내지 않고 잎만 수확합니다.

춘근의 예로는 양배추, 당귀, 당초 등이 있고, 추근의 예로는 시금
치, 상추, 부추 등이 있습니다.

춘근은 식물체가 크고 강하며, 추근은 식물체가 작고 연합니다.

춘근은 잎이 두꺼우며, 추근은 잎이 얇습니다.

춘근은 적당한 수분과 영양분이 필요하고, 추근은 많은 수분과 영양분이 필요합니다.

춘근은 해충과 질병에 강하고, 추근은 해충과 질병에 약합니다.

춘근은 저장성이 좋고, 추근은 저장성이 나쁩니다

- 씨앗파종방법

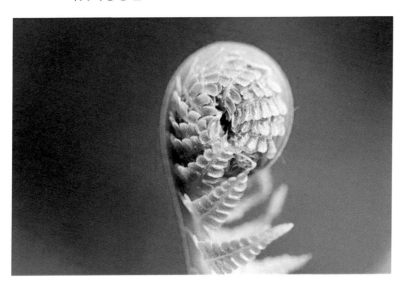

씨앗파종은 가을파종과 봄 파종이 있습니다.

가을파종과 봄 파종의 차이점입니다.

가을파종은 8~10월에 하고, 봄 파종은 4~6월에 합니다.

가을파종은 겨울에 씨가 휴면상태에 들어가고, 봄 파종은 씨를 뿌리자마자 발아합니다.

가을파종은 이듬해 꽃이 피고, 봄 파종은 같은 해에 꽃이 피는 경우가 많습니다.

가을파종은 겨울 내내 잎이 날 수 있고, 봄 파종은 잎이 나기 전까
지는 흙속에서만 생장합니다.

가을파종은 겨울철 영하의 낮춤과 강한 바람에 견딜 수 있어야 하고, 봄 파종은 기온과 습도가 적당해야 발아할 수 있습니다.

가을파종은 식물체가 강하고 크며, 봄 파종은 식물체가 연하고 작습니다.

가을파종은 잎이 두꺼우며, 봄 파종은 잎이 얇습니다.

가을파종은 수분과 영양분의 손실이 적으며, 봄 파종은 수분과 영양분의 손실이 많습니다.

가을파종은 해충과 질병에 강하며, 봄 파종은 해충과 질병에 약합
니다.

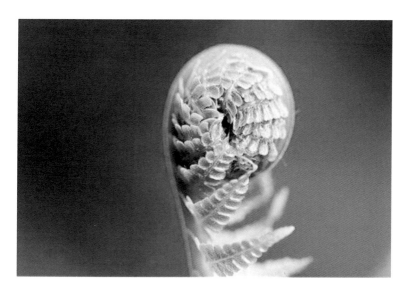

가을파종의 예로는 시금치, 상추, 부추 등이 있고, 봄 파종의 예로
는 국화류(수레국화 등), 동백나무 등이 있습니다.

-마지막을 정리하며

"식물집사 플레이북"에 생명을 불어넣는 데 도움을 주신 모든 분들
께 진심으로 감사드립니다. 귀하의 지도와 전문 지식은 행복하고

건강한 식물 재배를 위한 단계별 가이드를 만드는 데 매우 중요합니다.

"식물집사 플레이북: 행복하고 건강한 식물을 키우는 단계별 안내서"를 읽을 초보 식물집사들에게 몇 마디 조언과 격려를 전합니다. 무엇보다도 이 책에 대한 귀하의 관심과 식물 관리에 대한 귀하의 헌신에 감사를 표하고 싶습니다. 여러분의 헌신과 열정은 지구의 건강과 복지에 필수적이며, 이 책임을 맡은 여러분에게 박수를 보냅니다.

책을 읽으면서 인내심과 호기심을 가지고 식물 관리에 접근할 것을 권장합니다. 모든 식물은 고유하며 숙련된 식물 부모도 예상치 못한 문제에 직면할 수 있습니다. 학습 과정을 수용하고 식물에 가장 적합한 것을 찾기 위해 실험하는 것을 두려워하지 마십시오.

식물 관리의 주요 측면 중 하나는 적절한 물을 주는 것입니다. 고정된 일정에 따라 물을 주는 것보다 토양 기반 접근 방식을 따르는 것이 좋습니다. 토양을 정기적으로 확인하고 화분에 심은 토양의 아래쪽 2/3에 있는 뿌리가 마르기 시작할 때 물을 줍니다. 흙이 촉촉하면 물을 주지 마세요. 만졌을 때 건조하다고 느껴질 때만 물을 주세요.

식물 관리의 또 다른 중요한 요소는 감사와 감사입니다. 잠시 시간을 내어 식물과 연결하고 식물이 집이나 작업 공간에 가져다주는 아름다움과 생명에 대한 감사를 표현하세요. 식물을 사랑하는 동료든, 완벽한 식물을 선택하도록 도와주는 지식이 풍부한 영업 사원이든, 그 과정에서 도움을 주는 다른 사람들에게 감사를 표할 수도 있습니다.

마지막으로 아무리 작은 성공이라도 축하하는 것을 잊지 마십시오. 건강한 새 잎사귀나 꽃이 만발할 때마다 승리가 되고, 도전을 극복할 때마다 승리가 됩니다. 인내심, 호기심, 감사함으로 주변 환경에 기쁨과 아름다움을 가져다주는 숙련되고 자신감 있는 식물 집사가 될 수 있습니다.

요컨대, "식물 집사 플레이북: 행복하고 건강한 식물 재배를 위한 단계별 가이드"를 읽을 모든 신규 식물 집사에게 말씀드립니다. 귀하의 관심과 노력에 감사드립니다. 인내와 호기심으로 식물 관리에 접근하십시오. , 토양 요구 사항에 따른 물, 감사를 표현하고 그 과정에서 성공을 축하하십시오. 행복한 식물가꾸기 파이팅!!!